AF452058

DES GOUVERNEMENTS

RÉVOLUTIONNAIRES EN FRANCE.

PARIS. — IMPRIMÉ PAR PLON FRÈRES

RUE DE VAUGIRARD, N° 36.

DES GOUVERNEMENTS

RÉVOLUTIONNAIRES

EN FRANCE DEPUIS 60 ANS

ET DE LEUR CHUTE;

PAR E.-S. HADOT.

L'homme s'agite et Dieu le mène.
BossuET.

PARIS

FURNE ET PERROTIN, LIBRAIRES-ÉDITEURS

BOULEVARD MONTMARTRE, 22

1849

C'est assez l'habitude des auteurs de faire précéder leurs livres, petits et grands, de certains avertissements ou préfaces dans lesquels ils se font bien modestes et bien humbles pour s'attirer davantage la bien-veillance de leurs lecteurs.

Moi aussi j'aurais dû les imiter, et me faire, à leur exemple, bien humble et bien petit; mais à quoi bon?

Quand chaque citoyen, sans distinction, contribue à l'élévation de l'édifice social, faut-il s'inquiéter si l'on est l'architecte ou si l'on n'est que le maçon? Aussi moi, simple manœuvre de la pensée, viens-je y apporter mon grain de sable, dont nul, quand l'œuvre sera finie, ne découvrira la trace. Mais qu'importe! Dans la mêlée les soldats qui se font tuer n'ont pas tous la prétention d'être inscrits au temple de Mémoire, et ils ne s'en battent pas moins avec courage.

Ainsi de moi.

Dans les mauvais jours que nous traversons, j'ai cru bon, dans la sphère bornée où je gravite, de faire passer sous les yeux du peuple, à titre de *memento*, la silhouette rapide des gouvernements révolutionnaires qui se sont succédé en France depuis soixante ans, pour lui faire comprendre les fautes du passé, et le mettre en garde contre les erreurs de l'avenir.

J'ai pensé aussi qu'il n'était pas mal à propos de lui marquer la limite de ses droits et de ses devoirs, et de lui poser certaines questions capitales qui souvent n'ont besoin que d'être posées pour être résolues.

A défaut d'un mérite plus grand, j'ai cru avoir réuni celui de la conviction et de la franchise. — Et puis il est toujours à propos d'avoir le courage de dire tout haut ce que certaines gens ont bien de la peine souvent à penser tout bas.

Voilà pourquoi j'ai fait ce petit livre.

Eu égard au point de vue où je me suis placé, je sais d'avance qu'il soulèvera plus d'une contradiction, plus d'une récrimination peut-être; mais j'en ai pris mon parti : à chacun sa responsabilité, à chacun ses vérités.

Il est possible qu'à Paris beaucoup ne partagent pas nos opinions, et que la grande ville, qui a si longtemps forcé la province à ne voir que par les yeux de son insupportable tyrannie, regarde comme erronées, ou tout au moins comme inexactes, certaines appréciations ou certaines tendances qui ne seraient pas les siennes, soit parce qu'elles froisseraient ses croyances, soit parce qu'elles seraient en opposition avec ses intérêts matériels; mais il n'en est pas moins vrai que ces opinions, que ces appréciations, que ces tendances sont dans l'esprit et dans les mœurs de l'immense majorité de la France départementale. Paris dorénavant aura beau faire, il lui faudra les subir, ou ce ne serait plus comme en juin, 80,000 gardes nationaux qui viendraient lui tendre une main fraternelle.

Le temps des illusions est passé, le prestige a disparu. Le 23 avril et le 10 décembre ont brisé le prisme, et, quoi qu'en disent certains, que *passé la barrière il n'y a plus ni France ni Français*, le moment n'est pas fort éloigné où Paris aura sérieusement, quoi qu'il fasse, à compter avec la province, qui se lasse à la fin de cette périodicité de révolutions sans portée ni raison, qui à chaque fois qu'elles se renouvellent remettent tout en question sans le résoudre, font rétrograder la liberté et refoulent le progrès; la France est lasse de jouer le rôle des grenouilles de la fable et de payer la carte des folies de sa capitale.

Paris doit bien se convaincre que jusqu'à nouvel ordre les beaux jours de son influence électorale sont passés, et que nous ne sommes plus au temps du comité *Aide-toi, le ciel t'aidera.* Aussi j'ai peine à croire que le manifeste de la rue de Poitiers ait beaucoup de crédit sur les départements. Les départements veulent peut-être ce que veulent la plupart des membres de la rue de Poitiers, mais ils ont le courage de le dire plus hautement et sans périphrases.

Que dirait Paris, si trois ou quatre départements de la Bretagne ou du Limousin s'ingéniaient de faire un comité directeur pour influencer ses élections?... Il rirait beaucoup, assurément. Nous ne rions pas, nous; mais nous gémissons *souventefois*.

Après tout, Paris n'est pas la France, la province est trente-cinq fois plus nombreuse que Paris, et le suffrage universel ne distingue pas, il additionne.

Ainsi donc chacun chez soi, chacun pour soi, et Dieu pour tous.

Vaugency, 23 février 1849.

DES GOUVERNEMENTS
RÉVOLUTIONNAIRES EN FRANCE.

I

LA LÉGITIMITÉ.

> Le premier qui fut roi fut un soldat...
>
> Dieu dit à Adam : Tu régneras sur tout cela...

Partout où le besoin réunit deux hommes sur la terre, il y en a nécessairement un qui commande et un autre qui obéit ; cette suprématie, née de la force brutale ou de l'intelligence, se révèle dès le premier âge du monde : c'est Caïn et Abel. De là date cette première lutte entre l'esprit et la matière, qui se traduit dans les sociétés organisées par des révolutions. Partout où il y a mouvement, il y a résistance; partout où il y a commandement, il y a protestation, et les sociétés, continuellement dominées par ces deux forces qui se révèlent en sens contraire, ont été et seront agitées dans leur existence.

Au début, la force brutale était la suprême loi; le plus faible obéissait au plus fort; l'un était l'esclave et l'autre le tyran : c'étaient les temps primordiaux, c'était l'enfance des sociétés. Mais, à mesure qu'elles grandissaient, qu'elles se multipliaient, qu'elles s'étendaient sur un plus grand espace, il en devint des sociétés comme de la propriété : elles ne purent rester l'expression de la force et de la possession réelles; il fallut à cette force et à cette possession réelles substituer une force et une possession fictives. De là l'organisation, de là les gouvernements.

Qui dit organisation écarte déjà toute idée de force brutale; qui dit organisation dit intelligence.

L'intelligence avait donc déjà, au début des sociétés primitives, détrôné la force matérielle; et quand ces sociétés, plus tard, se régularisèrent, elles le firent au nom de cette force supérieure, intelligente, invisible, éternelle, que chaque homme reconnaît après être venu en ce monde, qu'on l'appelle Dieu, lumière, Être suprême, n'importe.

Mais entre cette force suprême, toute-puissante, créatrice, qui avait fait le monde de rien, et qui, aux yeux éblouis de tous, étalait tant et de si grandes merveilles, et l'homme lui-même qui était son ouvrage, il fallait nécessairement des intermédiaires, des ministres enfin qui fussent les anges, les messagers, les porteurs de ses ordres et de ses volontés.

Les plus habiles, les plus considérés par leur intelligence et leurs vertus se chargèrent de ce soin. Aussi élevés au-dessus de leurs égaux que l'esprit l'est au-dessus de la matière, ils s'imposèrent à la crédulité des sociétés primitives comme les envoyés et les intermédiaires de cette force invisible dont chacun reconnaissait la toute-puissance; et le premier gouvernement qui pesa sur les hommes fut le gouvernement des prêtres, le gouvernement théocratique.

Au point de vue des idées primitives et bornées de l'humanité, ce gouvernement-là, qui découlait de Dieu même, source de toutes choses, devait nécessairement participer de son essence; et Dieu, ce principe de toute légitimité, y fit nécessairement participer les premiers gouvernements théocratiques.

En définitive, le gouvernement théocratique n'avait été, à vrai dire, qu'une usurpation habile, la substitution de la force intelligente à la force brutale; ce fut la constitution du libre arbitre de tous au profit du savoir-faire, de l'habileté de main, en un mot de la très-petite partie. Ce fut le mensonge qui étouffa la vérité, l'esprit enfin qui opprima la matière.

Cependant, à mesure que les premières sociétés

se multiplièrent, elles envahirent le sol, qui devint la propriété du premier occupant. Les uns tombèrent dans des contrées fertiles, et, dès le principe, ils les vivifièrent encore en les arrosant de leurs sueurs; les autres, au contraire, ne rencontrèrent que des plaines ingrates et stériles qui suffisaient à peine à leurs besoins.

De là naquit cette rivalité jalouse qui ne tarda pas à se traduire par des luttes et des conflits. Puis on en vint aux mains, et le plus faible, dépossédé par le plus fort qui s'implantait dans la contrée fertile, était obligé d'aller reporter au loin sa tente et ses labeurs.

Telle fut la première conquête.

Telle fut la première guerre de peuplade à peuplade, prélude de ces conquêtes et de ces grandes guerres qui, par la suite, ont tant de fois bouleversé et ensanglanté le monde.

Alors les vaincus de la veille, s'excitant à la lutte, s'apprêtaient à redevenir les vainqueurs du lendemain pour rentrer dans les champs d'où la force ou l'adresse les avaient arbitrairement chassés; ou bien ils se bornaient à se tenir en garde contre des tentatives d'envahissement ou des agressions ultérieures, et alors ils réunissaient des forces et des moyens de défense à tout événement.

De là le germe et l'origine des armées.

En descendant la suite des âges, quand on arrive à ces temps où les peuples, groupés par agglomérations formidables, deviennent des nations, aussitôt on en voit surgir des hommes hors ligne qui deviennent leurs chefs, qui les commandent, qui les mènent à la victoire, à la conquête, qui leur font avoir raison des insultes de leurs ennemis, qui les vengent des injures passées ou augmentent leurs richesses présentes. Alors ces hommes, sentant tout ce que pèse le poids de leur épée, triomphants et portés sur les larges épaules de la multitude qu'ils dirigent et subjuguent, finissent, regardant autour d'eux, par comparer la base avec le sommet. Ils ne tardent pas à s'apercevoir de ce qu'il y a de disproportionné entre la force fictive du sommet et la force réelle de la base; leur parole alors devient haute, et, par un compromis tacite et prudent, les deux extrémités, la base et le sommet, venant à se toucher au point de contact de leur intérêt, s'unissent dans une cordiale entente, et le prêtre abandonne au soldat, qui se fait roi, l'homme matière pour ne garder pour lui que l'homme intelligence.

C'est ainsi que le soldat et le prêtre, sans amoindrir leur puissance, se contentent de la diviser pour marcher d'un pouvoir parallèle, et restent tous les deux, quoiqu'à des degrés différents, les délégués d'en haut. C'est ainsi que la royauté du droit divin prit son origine.

Issu, au commencement, de la crédulité, le droit divin se perpétua plus tard au moyen de la délégation dans la personne du soldat; et ce fut ainsi que le droit du soldat, qui n'était dans le principe qu'un droit de second ordre, marcha par la suite de pair avec le droit du prêtre, invoquant en sa faveur d'abord le droit de la force et puis après la théorie des faits accomplis.

Le dogme du droit divin une fois admis, il n'y eut plus qu'un pas pour arriver à la vraie, à la grande légitimité, à la légitimité par excellence, qui consistait à représenter les rois comme les vicaires de Dieu sur la terre pour gouverner les hommes. C'est ainsi que pendant quatorze cents ans les peuples, se contentant d'une fiction qui ne s'appuyait que sur ces mensonges, ont courbé la tête sous les fourches caudines du privilége et de l'esclavage. Nous en étions encore là quand apparut 89, cette date glorieuse de notre émancipation politique et de notre liberté reconquise.

Telle est la théorie de la légitimité pure, de la légitimité *par la grâce de Dieu.*

Mais, à la fin du dernier siècle, le libre examen de la philosophie voltairienne fit bonne justice de tous ces spécieux paradoxes; et, séparant deux choses bien distinctes, malgré une connexité indirecte, elle proclama la suprématie de Dieu dans le ciel et l'égalité de l'homme sur la terre.

De ce grand principe de l'égalité de l'homme découlait pour conséquence naturelle et nécessaire l'abolition du privilége inhérent soit à une caste, soit à un individu; et quand 89 arriva, la légitimité du droit divin dut s'évanouir pour faire place à un droit plus réel, plus positif, droit qui ne relève que de lui-même : *Ens à se*, pour ainsi dire, droit qui ne souffre ni critique, ni examen, ni controverse, la souveraineté populaire enfin.

La légitimité du droit divin battue sur ce premier point, et ne pouvant plus soutenir qu'une lutte désespérée contre l'esprit sceptique du dix-huitième siècle, qui s'est étendu jusqu'à nous, vira de bord, retourna ses batteries, et, désespérant de se maintenir convenablement sur le terrain mal assuré de théories surannées et percées à jour, se rejeta sur le principe de l'élection ou acclamation; puis, elle aussi, s'armant de la théorie du long espace de temps et des faits accomplis, elle crut pouvoir arriver au même résultat en opposant à la souveraineté populaire le consentement et le silence, une sorte de prescription enfin, comme si la souveraineté du peuple était prescriptible.

Pharamond, nous disent les champions de cette légitimité nouvelle, n'était, lui non plus, qu'un soldat heureux qui fut porté sur le pavois. Pépin-le-Bref et Hugues-Capet ne furent non plus que des usurpateurs, eu égard aux ayants droit légitimes (car il y en a toujours) de la première et de la deuxième race. Mais n'importe, leurs descendants sont aujourd'hui légitimes, parce que, depuis une longue suite d'années et sans interruption, ils se sont succédé au pouvoir. D'où il résulterait, par exemple, que Charlemagne, parce qu'il n'était que le successeur de Pépin-le-Bref au premier degré, n'était pas légitime, ou du moins n'était que sur

la voie pour le devenir, tandis que si, nous étions
à Napoléon XVIII ou XX, par exemple, Napo-
léon XVIII serait légitime, tandis que Napoléon Ier,
Napoléon II ou Napoléon III ne le pourraient pas
être encore.

Les légitimistes d'aujourd'hui, abandonnant la
théorie du droit divin, qui ne peut plus soutenir
ni discussion ni examen, et forcés de se retrancher
dans le principe de l'élection, conviennent bien
qu'avant d'avoir eu des droits les rois ont eu des
devoirs; mais, faisant ensuite fléchir la rigueur du
principe dès qu'ils en viennent à l'application, ils
en concluent qu'après une certaine période de consentement tacite ou de silence les rois conservent
bien encore des droits, mais n'ont plus de devoirs.

Aveuglement fatal, qui a donné naissance au fameux article 14 de la Charte octroyée, d'où naquit
la révolution qui précipita la chute de Charles X
et de toute sa dynastie.

Non, la légitimité née de l'élection qui lui a conféré les droits ne saurait l'affranchir du devoir ; car le droit n'est que le corollaire du devoir. Entre celui qui élit et celui qui est élu, c'est un véritable contrat synallagmatique, et du jour qu'une des parties enfreint tout ou partie de ses devoirs, le droit tombe et le pacte est rompu.

Ainsi tous les pouvoirs qui sortent de l'élection née de la volonté *libre* et *spontanée* du peuple sont des pouvoirs légitimes. Les contester, c'est contester la souveraineté du peuple.

Ainsi Napoléon fut légitime, car le suffrage universel et le consentement unanime du peuple lui donnèrent la couronne ; et les devoirs que le peuple lui imposa, il ne les a pas transgressés. Ainsi sont légitimes ses représentants. Ainsi, et dans un autre ordre de faits, comme président de la République, Louis-Napoléon est légitime, car 5,500,000 suffrages lui ont conféré le baptême de cette légitimité-là.

Il suit de là que tous les gouvernements qui tirent leur origine de l'élection libre et spontanée du peuple tout entier sont légitimes, et qu'aux pouvoirs qui en découlent chacun doit obéissance ; car ils sont l'émanation de la souveraineté du peuple, et se révolter contre elle est un crime. Telle était, par exemple, la légitimité impériale : ces légitimités-là ne sont même pas discutables.

Tandis que les gouvernements qui s'imposent au peuple par le mensonge et la fiction, comme la légitimité de droit divin ; par le privilége, comme la royauté de 1830 ; par la terreur, comme la République de 93 ; par l'audace, comme l'avortement de 1848 ; si on leur doit l'obéissance par des raisons de haute moralité et d'ordre social, ces gouvernements-là, dans une certaine mesure, sont tous plus ou moins discutables ; car, la volonté du peuple, n'ayant point été consultée, n'a pu leur donner le vrai caractère de sa puissance et de sa légitimité. Tous ces pouvoirs-là ne sont que des usurpations à vrai dire, et le peuple a toujours eu le droit de chasser les usurpateurs.

Ainsi sont tombés depuis soixante ans tous les gouvernements qui, par la ruse, la violence ou la tromperie, se sont imposés à la France; ainsi tombera vraisemblablement la République de février, à moins qu'elle ne se retrempe dans la piscine populaire, où elle n'a point encore osé se plonger.

Quelques soins que l'on porte à un édifice, on aura beau donner de l'épaisseur et de la solidité aux murs, si la base n'est pas solide, rien ne pourra le garantir de sa ruine; il faudra qu'il périsse. La base des gouvernements, ce rocher de granit qui les fait défier les tremblements de terre et les coups redoublés de l'ouragan, c'est le peuple. A quelque temps que ce soit, à quelque époque que ce soit, le gouvernement qui ne s'appuiera pas sur le peuple, et par peuple j'entends tous les membres de la grande famille, ce gouvernement-là périra par le peuple; et ni le droit divin, ni la légitimité élective, ni la royauté du privilége, ni la force des baïonnettes, ni l'habileté démocratique, ni l'audace démagogique, rien n'y fera; et de tous ces naufrages éclatants, jonchant la mer politique des débris de leurs institutions, savez-vous ce qui surnagera après la tempête?

Le peuple!...

II

89 ET 93.

Tout vient à point à qui sait attendre.

M. DE VILLÈLE.

Ne forcez pas votre talent.

LA FONTAINE.

Comme les faits externes ne se produisent jamais sans une cause préfixe et déterminée, de même les accidents politiques ne sont pas non plus les résultats du hasard. L'homme vulgaire n'y voit qu'un événement fortuit, tandis que le philosophe y découvre un résultat prévu. Où l'un croit à de la durée, l'autre ne voit qu'un passage rapide;

pour l'un c'est de la maturité, pour l'autre ce n'est plus qu'un avortement. C'est ainsi qu'en février, quand certains croyaient arrivée l'heure de la République, ceux au contraire qui calculent, qui raisonnent et qui supputent, n'ont pas tardé à se convaincre que le coup de main qui venait de s'accomplir reculerait pour longtemps encore peut-être la consolidation en France du système républicain. La fleur que l'on effeuille au printemps ne porte pas de fruits à l'automne, et les fruits que l'on cueille avant le jour de leur maturité ne donnent qu'une saveur âcre et ne sont pas de bonne garde; de même les institutions politiques et sociales, et les gouvernements des nations n'ont ni fécondité ni durée, si, prenant l'expédient pour la réussite, l'impatience pour le terme, ils veulent, avant l'heure fixée dans les jugements de Dieu, s'imposer subrepticement par l'habileté ou l'audace aux majorités qui les repoussent ou qui ne sont pas suffisamment préparées encore pour les recevoir.

Pour se convaincre de cette vérité, il ne faut pas chercher bien loin. Pour en trouver la preuve encore vivante, il ne s'agit que de remonter seulement le cours torrentueux des soixante ans de révolutions que nous venons de traverser.

En 89 la France, courbée sous le poids du privilége qui l'écrasait, semblable à ce Titan enseveli sous la montagne, faisait trembler toute la terre d'alentour à chaque gémissement qui sortait de sa vaste poitrine; et chaque fois que son indignation comprimée donnait à son pouls une exaltation plus grande, la société d'alors en ressentait les oscillations gigantesques. Il était temps d'en finir : et quand la Constituante se mit à l'œuvre, elle n'eut que l'embarras du choix pour abattre à grands coups de coignée ces abus et ces priviléges de toutes sortes qui, du bas en haut, minaient et dévoraient l'ordre social tout entier.

En première ligne se trouva la noblesse, cette noblesse dégénérée issue des mauvaises mœurs de

Louis XIV, de la régence et de Louis XV, qui, parce qu'elle avait compté dans son sein des Bayard, des Duguesclin, des Guise, des Montmorency, des Turenne, des Condé, s'imaginait qu'à la fin du dix-huitième siècle tous ses membres étaient encore autant de Condés, de Turennes, de Montmorencys, de Guises, de Duguesclins et de Bayards. Au second plan se trouvait le clergé, et par ce clergé-là nous n'entendons pas ces humbles pasteurs de l'Évangile dont le nombre a toujours été si grand, et qui donnent leur vie pour leurs brebis, mais du clergé, ce troisième fils de la noblesse dont l'intolérance religieuse contrastait si mal avec ses mœurs relâchées et les bénéfices de ses petits abbés.

Ce fut à ces deux grands corps, qui concentraient en eux la fortune et l'intelligence au détriment du peuple tout entier, qu'ils tenaient courbé sous le poids de la pauvreté et de l'ignorance, que l'Assemblée constituante s'attacha tout d'abord.

C'était le mal à extirper dans sa racine la plus profonde. Elle eut ce grand courage. — Nos pères l'en ont bénie, et, comme nous, nos neveux la béniront dans la postérité.

Tels furent les prolégomènes de cette grande émancipation de 1789.

Il est vraisemblable, il est certain même, à en juger par l'état des mœurs, par l'esprit et les tendances de cette époque, que jamais 93 n'aurait été le sanglant corollaire de ces glorieuses réformes entreprises au nom de l'égalité, si la noblesse et le clergé, qu'elles avaient pour mission spéciale d'organiser dans leur côté utile pour n'en détruire que les abus, avaient su comprendre que les institutions humaines doivent fléchir et se modifier selon les nécessités sociales, qui elles-mêmes se modifient comme le temps, et que malheur à celles qui, au lieu de graviter avec lui, restent en arrière ou lui résistent !

Mais la noblesse ne vit que ses priviléges menacés, le clergé ne vit que sa prépondérance qui était en discussion ; l'un et l'autre ils furent impitoyables. Menacés tous les deux par la réforme révolutionnaire, réunis par une même communauté d'intérêt, ils firent dans l'Assemblée nationale, comme ils faisaient dans le pays, un État dans un État, et de là naquit cette lutte d'extermination et de mort qui, commencée au nom de la réforme pacifique, devait se terminer sous la hache du bourreau.

Sans l'incroyable obstination et l'aveuglement fatal de la noblesse et du clergé dont nous parlons, il est certain que la royauté de 89, se mettant à la tête de la réforme, se fût emparée du mouvement populaire, l'eût guidé, l'eût modéré et eût doté la France de ces institutions constitutionnelles qu'elle ne put conquérir que quarante ans plus tard, après bien du sang versé et tant de cruelles épreuves.

Aussi l'histoire, qui juge à froid aujourd'hui ces terribles époques, si elle n'en a pas absous les crimes, car les crimes, même en politique, ne peuvent jamais s'absoudre, à peine se justifier, elle en a au moins pallié l'horreur. Si la noblesse et le clergé, au lieu d'entraver le mouvement révolutionnaire qui les emportait, s'y fussent ralliés de bonne foi, avec sincérité, franchement, sans arrière-pensée, la France n'aurait vu ni le comité de salut public, ni la terreur, ni Robespierre; car Robespierre, la terreur et le comité de salut public ne se sont révélés qu'à la suite des hableries impuissantes de ces vantards de l'armée de Condé qui, de l'autre côté de la frontière, bravaient la France et sa toute-puissante colère.

En politique, les réformes sont souvent si près des abus qu'il n'y a que l'épaisseur d'un fil à franchir. — C'est ce qui arriva en 92 et 93. Au lieu de réformer, on détruisit; la démocratie sage fut bientôt après débordée par la démagogie effrénée, la Montagne dévora la Gironde, et la République, ce type des gouvernements excellents, qui, si elle n'était pas encore dans les mœurs ni l'esprit des masses, aurait pu au moins y entrer si elle se fût montrée telle qu'elle aurait dû être, fut repoussée par la majorité sage et honnête, qui, calme et impassible, attendit du temps et de l'excès de l'abus le retour à un meilleur ordre de choses.

Indépendamment des violences démagogiques qui avaient fait de la République une boucherie plutôt qu'un gouvernement, il y eut encore une raison décisive qui empêcha les populations de s'y rattacher : c'était la conscience même du peuple, qui en masse ne se trompe guère et qui avait compris que son éducation politique et morale n'était point encore suffisamment développée pour être à la hauteur de ce gouvernement de l'intelligence et de la moralité; que tôt ou tard il retomberait par l'excès sous le joug qu'il venait de briser, et qu'il perdrait peut-être pour longtemps une liberté dont il n'avait pas encore la force de comprendre et d'aspirer les émanations trop vives et trop pénétrantes.

Et puis ensuite il est de ces croyances et de ces cultes éprouvés dont on ne se défait pas facilement pour courir après les chimères de l'inconnu. Voilà où en était la France lors de la première révolution. Cependant si la République avait dû s'implanter dans le sol et s'insinuer dans les mœurs politiques du pays, il est certain que, malgré ces excès, elle avait encore la partie belle.

La révolution de 1789, qui avait commencé par les réformes, n'arriva que peu à peu, à force d'obstacles et de résistances, à détrôner la monarchie. Elle avait posé des droits et des devoirs au peuple comme à la royauté ; et la royauté ayant violé ses devoirs, le peuple reprit ses droits. Le vieux monde une fois détruit, il fallait nécessairement en faire sortir un autre de ses ruines ; et quand on en vint à la nouvelle forme du gouvernement, ce fut une question longtemps agitée, longtemps débattue, et ce ne fut qu'après de mûres réflexions, à la dernière extrémité pour ainsi dire, et lorsque la patrie était véritablement en danger, qu'après bien des épreuves successives et réitérées, on arriva enfin à franchir ce pas fatal qui devait ouvrir la porte aux plus déplorables excès.

C'est ainsi que furent promulguées les Constitutions de 91, 93, de l'an III, de l'an VIII et de l'an X. Et toutes, les unes, sanctionnées par les assemblées délibérantes, les autres, approuvées par la nation avec plus ou moins de liberté d'esprit il est vrai, selon le milieu de l'opinion qui leur avait donné naissance, n'avaient été après tout que la consécration, apparente au moins, de la volonté populaire.

La République ainsi fondée, après que la terreur fut calmée et qu'on vit luire des jours meilleurs, la République ayant pris une marche plus rationnelle, et gravitant chaque jour vers les régions de l'ordre et de la consolidation, la République débarrassée à l'intérieur de la réaction nobiliaire et cléricale, et surexcitée au dehors par les glorieuses agitations de la guerre étrangère, ce véritable aliment des États démocratiques ; la République se trouvait réellement alors dans les conditions les plus favorables d'existence et de durée ; et cependant, quand le sénatus-consulte de l'an x fut porté à la sanction du peuple, 2,500 voix sur une population de 26,000,000 d'habitants protestèrent contre l'élévation de Napoléon au trône impérial.

2,500 républicains contre 26,000,000 de monarchistes ! et la République durait depuis 14 ans, et depuis 1791 elle n'avait converti que 2,500 citoyens à ses doctrines !

C'est que les gouvernements, pour qu'ils aient de la durée, il faut qu'ils s'appuient sur les masses et non pas sur une coterie. Dans l'exception, ils peuvent quelquefois trouver l'existence, mais ce n'est que dans la généralité qu'ils peuvent espérer une longue vie. Aussi la première République décrétée sous la pression du terrorisme, contre la majorité du peuple, la République qui n'était ni dans ses mœurs, ni dans ses croyances, ni dans ses besoins, n'a pu se maintenir que par l'exclusion et la violence ; et quand la terreur qui environnait ses premiers soutiens se fut évanouie, et que les demi-dieux d'alors ne furent plus que des hommes dont le bourreau avait raison comme de tant d'autres, on reconnut ce qu'il y avait de factice dans son existence, et le premier souffle populaire qui se projeta sur elle la renversa.

Ainsi avorta en France le premier essai de la République : essai prématuré, graine stérile qui, tombant dans un champ qui n'était pas encore suffisamment disposé pour la recevoir, ne produisit pas l'arbre gigantesque qu'on en avait attendu ; ainsi tomberont, je le répète, tous les gouvernements d'exception et de privilége, que ce privilége s'appelle noblesse, clergé, monopole électoral ou violence démagogique.

III

LES BOURBONS.

Les Français sont égaux devant la loi.
La Charte.

De tous les gouvernements qui ont succédé à la première République, y en a-t-il beaucoup qui soient restés debout? Et combien surtout sont-ils morts de leur mort naturelle? Tous ont succombé d'une manière violente sous les coups du peuple. Né du peuple, l'Empire seul a fait exception; mais les deux Restaurations et la monarchie de juillet, frappées, comme la République de 93, de la même impuissance, quoique dans un autre ordre de faits, et sacrifiant à la même cause, ont été comme elle emportées par le même effet.

C'est que tous ces gouvernements-là ont eu le tort ou de venir trop tôt ou trop tard, et par-dessus tout de s'appuyer sur les individualités au lieu de s'appuyer sur les masses. Ils sont tombés surtout parce que, légitimant leur puissance par des fictions, ils ont été tués par les réalités.

La première République, arrivant avant son terme, aurait eu besoin des soins empressés d'une mère attentive pour mener à bonne fin son existence trop hâtive ; le pays aurait pu être cette mère, mais la République la chercha ailleurs : — au lieu de convier tout le peuple à sa défense, elle prit le change en appelant à elle les factions démagogiques ; et les protecteurs qui la patronaient, tombés eux-mêmes devant le mépris et l'indignation publics, l'ont emportée avec eux.

Quand la Restauration revint en France, elle avait devant elle la plus grande somme de possibilités, de réussite et de durée. Le temps, l'expérience et le malheur, ces trois grands conseillers du cœur de l'homme, auraient dû l'instruire. Eh bien, non, quand elle rentra, que fit-elle? Elle data son règne du 21 janvier 1793, comme si vingt-deux ans d'exil ne lui avaient rien appris. Mettant en oubli tout ce long intervalle qui s'était écoulé de 1789 à 1814, elle se crut encore aux États généraux, entourée de ses marquis poudrés à talons rouges, et de ses duchesses à vertugadins, papillonnant comme aux beaux jours de l'OEil-de-Bœuf.

La Restauration avait voulu tout bonnement remonter de vingt-cinq ans le courant de la vie politique, comme si la vie politique, semblable au fleuve qui coule et qui coulera rapide dans la suite éternelle des âges, pouvait suspendre sa course.

> . . . . . . *labitur*. . . . .
> *Et labitur in æternum omne volubilis ævum.*

Après autant d'agitations et de secousses, la Restauration n'aurait-elle pas dû comprendre qu'elle ne pouvait pas rester stationnaire, et encore moins rétrograder au gré des caprices de certains hommes qui l'obsédaient, ces hommes-là fussent-ils de noble lignée ou issus de sang royal?

Aussi la France, quoique bien lasse de toutes les agitations qu'elle avait traversées, quoique bien épuisée par le sang qui coulait encore de ses larges blessures, la France, quoique bien avide de bien-être et de repos, n'a-t-elle vu la deuxième rentrée des Bourbons qu'avec un œil de défiance et d'inquiétude, défiance et inquiétude qui par la suite se sont multipliées par le carré des mesures rétrogrades et impopulaires que leur suggérèrent des conseillers à courte vue.

Louis XVIII cependant n'avait pas été sans comprendre que le temps avait marché, et que, bien qu'il retrouvât un pays affaibli par les malheurs et les revers, il n'en devait pas moins tenir compte des vingt-cinq années d'épreuves qui lui avaient fait faire un pas immense à travers ce champ de la civilisation. Il comprit donc qu'il n'était plus possible en France au même titre que les autres rois ses prédécesseurs. Il dut octroyer une Charte à la nation. C'était pour ses principes une nécessité dure, mais ce fut une nécessité inévitable : c'était enlever le plus beau fleuron de sa couronne, car, bien qu'octroyée, cette Charte n'était pas moins une sorte de compromis, un pacte tacite entre le souverain et le pays !

Dans cette Charte en effet chacun avait ses droits et ses devoirs, droits restreints surtout, qui n'auraient plus permis au monarque restauré de dire, comme aux beaux jours du grand roi de Versailles: « L'État c'est moi ! » Non, après 1815 le roi n'était déjà plus l'État, et dès 1815 le roi de France régnait bien encore, mais ne gouvernait déjà plus. Le roi de la Charte, tout octroyée qu'elle fût, n'était déjà plus le roi du bon plaisir et de l'arbitraire, mais le roi de la Constitution et de la nation.

De la nation — car en tête de la Constitution il

était écrit : *Tous les Français sont égaux devant la loi.* Article capital, rocher d'airain sur lequel la royauté de 1815, assise de tout le poids de la légalité, aurait dû braver la tempête; article fatal cependant; et la monarchie restaurée, le mettant en oubli, cet article fondamental de sa puissance, se mit à reconstituer un État dans l'État, une petite Église dans la grande Église, croyant que les forces vives de la nation étaient encore, comme avant 89, dans la noblesse et le clergé.

En sous main, par des voies détournées, on crut donner le change à l'opinion et reconstruire, tout doucement, petit à petit et à la sourdine, l'édifice ruiné des priviléges, et ce fut ainsi que le milliard d'indemnité conduisit à la loi d'aînesse et à la loi du sacrilége; mesures impolitiques, combinaisons déplorables, qui ont plus contribué dans leur temps à désaffectionner la religion et à irriter le peuple contre la noblesse que n'avaient peut-être fait avant, six siècles d'abus et de priviléges.

Dès que par malheur en politique on a mis le pied sur une pente fatale, on glisse malgré soi, incessamment, toujours, quoi qu'on fasse pour se cramponner aux arbres ou aux rochers de la rive; et la Restauration, débordée par les exigences continuelles de la noblesse et du clergé qui étaient devenus ses tyrans, arriva, sans s'en douter peut-être, à cette explosion de juillet qui, brisant un trône en trois jours et entortillant autour d'un pavé la couronne des quatorze siècles de la monarchie, la précipita dans les flots de Cherbourg.

Leçon terrible dont n'a su profiter que le clergé, qui, après juillet, comprenant que, selon la parole du divin maître, son royaume n'était pas de ce monde, abandonna les agitations de l'arène politique pour se consacrer tout entier à la sainte et glorieuse mission de l'apostolat évangélique.

Quant à la noblesse, elle ne sembla pas se douter que deux révolutions successives, à de si courts intervalles, avaient fait progresser de plusieurs siècles

les idées politiques du pays, et 1830 la revit courbée sous les mêmes erreurs et les mêmes espérances, et avec les mêmes illusions d'autrefois. Après 1830 on aurait cru ou qu'elle ne se doutait pas que l'émancipation politique et sociale avait marché sans elle, ou que, possédant parmi les siens un autre Josué, elle pouvait dire aussi au progrès, comme Josué au soleil : *Sta, sol,* arrête-toi, soleil !

Qu'y a-t-il d'étonnant ?

Il y a 3,000 ans et plus que les Juifs attendaient le Messie. Voilà dix-huit siècles que le Christ est arrivé pour émanciper le monde, et les Juifs l'attendent encore. Dispersés qu'ils sont depuis près de 2,000 ans, sur toute la surface du globe, errants, proscrits, persécutés, ne sont-ils pas encore ces mêmes Juifs de Jérusalem qui pleurent sur les fleuves de Babylone? N'ont-ils pas encore les mêmes mœurs religieuses et les antiques cérémonies du culte? Au milieu de toutes les nations, ne forment - ils pas une petite nationalité que rien ne peut diviser ni détruire, et qui a conservé, au milieu de tant de révolutions diverses, son type physique, sa couleur primordiale et ses traditions du foyer domestique?

Eh bien ! ce secret du passé qui vit dans le présent ne tient qu'à ce fait unique : c'est que, depuis dix-huit siècles, les Juifs ne se sont alliés qu'avec des Juifs.

Ainsi de la noblesse.

Bien qu'elle n'ait plus aujourd'hui ni blason ni couronne, ou que le peu qu'il en reste soit bien oxydé et bien veuf de perles et de fleurons ; elle n'en persiste pas moins à se croire encore une caste à part, et elle ne consent à ce qu'elle appelle une mésalliance que quand, ruinée par le jeu ou la dissipation, elle est contrainte par de dures nécessités à honorer quelque vilain qui redore sa couronne.

Pauvre noblesse qui croit encore en plein dix-neuvième siècle que le sang qui coule dans ses veines est plus rouge que le sang du peuple !

Mon Dieu, oui, à l'heure qu'il est, et aujourd'hui peut-être plus que jamais, elle rêve encore, du fond de ses vieux manoirs, à ses antiques privilèges, à ses quartiers, à ses vassaux.

Pourquoi l'en plaindre ? pourquoi l'en blâmer ? qui y songe en effet, sérieusement du moins ? personne assurément. Mais ce à quoi songe cependant le pays, ce qu'il n'aime pas, c'est que cette vieille noblesse, dont l'écu porte d'azur, d'or, de sinople ou de gueules, les emblèmes et les devises les plus chevaleresques, c'est qu'elle vienne aujourd'hui se faire menteuse, tartufe, fourbe et hypocrite ; c'est que, désertant les champs de bataille au grand soleil, elle se fasse dans l'ombre militante ; mais basse, cauteleuse et rampante ; c'est qu'au fond du cœur ennemie du progrès, elle se proclame l'amie du progrès qu'elle repousse de toute la grandeur de ses dédains. Et, à l'heure qu'il est, elle se fait si changée, si populaire, que, n'était la crainte des huées, elle crierait volontiers, Dieu me pardonne : *Vive la République!*

Fils des preux de saint Louis, d'Henri IV et de Louis XIV, vous êtes des enfants dégénérés qui mentez à votre origine. Vous n'avez pas même le courage de vos opinions. Vous pouvez bien être encore aujourd'hui des conspirateurs, car depuis soixante ans vous n'avez jamais reculé devant la conspiration ou la guerre civile; mais vous ne rallumerez plus la Vendée éteinte. Vous serez bien encore peut-être des Polignacs ou des Cadoudals, mais vous ne pouvez plus être des ennemis... vous n'êtes plus à craindre.

Aussi, au grand jour du danger, quand le canon de juillet ébranlait la cité, où étaient-ils ces vaillants fils des chevaliers sans peur et sans reproche? En est-il un seul qui se soit souvenu, à l'heure suprême, qu'il avait, suspendue à son chevet, la longue épée de ses ancêtres? Ils sont montés à cheval... mais pour prendre la fuite, se réservant, comme par le passé, une fois hors de la frontière et du danger, de conspirer dans l'ombre, de soudoyer des avocats à 50,000 livres l'an pour soutenir leur parti à la tribune du parlement, ou de stipendier des gazettes pour ne pas laisser mourir le feu sacré pendant leur absence.

Oh! ce n'était point ainsi que combattaient vos ancêtres: c'était la visière haute, en plein soleil, qu'ils se ruaient dans la mêlée en s'écriant : *Dieu et mon droit, advienne que pourra!*

IV

LA MONARCHIE DE 1830.

Je dis qu'il n'y a rien sans le consentement
du peuple : c'est comme en 1830, vous ne
l'avez pas appelé, voyez ce qui arrive.

M. DE GENOUDE.

Omnia serviliter pro dominatione.

Enrichissez-vous.....

M. GUIZOT.

Les tendances rétrogrades de la Restauration, en
l'acculant dans une impasse sans issue, l'avaient
amenée à cette extrémité inévitable de sacrifier le
tout à la partie, de livrer le pays au privilége. C'é-

tait pour n'avoir pas eu la force ou le courage de secouer cette fatale étreinte qu'elle se désaffectionna les masses, et qu'au jour du danger, au lieu de défenseurs, elle ne trouva que des ennemis.

Doublement instruite par un passé exemplaire et par un présent qui fumait encore, la royauté de juillet fut-elle plus avisée, plus prévoyante et plus sage que sa devancière?

A-t-elle mieux sondé les profondeurs de l'avenir ? S'est-elle étayée sur un présent plus solide ? Mon Dieu, non. — Elle a fait pis peut-être.

Au lieu de déraciner les abus, elle n'a fait que les changer de place ou en créer de nouveaux ; au lieu de s'appuyer sur la droite, elle s'est appuyée sur la gauche, voilà tout. — Charles X s'appuyait sur la noblesse et le clergé, Louis-Philippe s'appuya sur la bourgeoisie, ou, pour mieux dire, sur une portion infiniment restreinte de la bourgeoisie ; car sa bourgeoisie, à lui, c'étaient les faiseurs et les habiles, classe étroite, mesquine, égoïste s'il en fut, qui, calculant, supputant chaque chose et la rapportant à son individualité, n'a jamais eu souci des masses dont elle était sortie.

Dès le 29 juillet, quand fumait la bataille et que les doigts du peuple étaient encore noircis de poudre, comment a débuté le gouvernement qui venait de poser le pied sur les débris de l'ancien ?

Il a rusé, et toute son existence n'a été qu'une longue série d'habileté, d'expédients et de savoir-faire.

Le fameux programme de la monarchie constitutionnelle entourée d'institutions républicaines, — habileté.

Les poignées de main de l'Hôtel-de-Ville, — habileté.

Les embrassements dans lesquels on étouffait ce brave Lafayette, — habileté.

Jusqu'à cette Charte bâclée, — habileté, habileté encore.

Qui avait fait la révolution de juillet ? — Le peuple.

Qui a recueilli le fruit de la bataille ?—La minorité et le privilége.

C'était juste en effet, puisque c'était de par le privilége que Louis-Philippe avait ceint la couronne de Charles X ; car c'étaient bien trois cents députés sortis du monopole électoral qui avaient proclamé roi le duc d'Orléans. Trois cents députés qui n'avaient pas reçu du peuple, leur souverain à tous, mandat pour une pareille mission.

Qu'est-il arrivé de ce premier pas fait sur le terrain de l'arbitraire ? C'est que le roi des Français, qui en définitive n'était que le roi d'une imperceptible minorité de privilégiés, vit dès le principe son gouvernement en butte aux récriminations des exaltés qui, ayant rêvé pour la révolution qui venait de s'accomplir un tout autre corollaire, vinrent, aux sanglantes journées de juin, d'avril, de mai, réclamer, les armes à la main, l'exécution du fameux programme de l'Hôtel-de-Ville.

Le peuple, lui aussi, sans partager la fougue de ces impatients qui se sont appelés depuis les *républicains de la veille* et sans vouloir aller aussi loin qu'eux, trouvait cependant qu'il y avait quelque chose à faire. En sorte que modérés, exaltés et rétrogrades, réunis dans une même communauté de mécontentement, de défiance et de haine, faisaient au pouvoir cette situation qui avait cela de particulier que, surexcité par en bas et comprimé par en haut, il était à tout moment sous le coup d'une explosion : c'était le feu qui dilate la vapeur et la soupape de sûreté qui la retient.

Le feu, c'était le peuple; le privilége, la soupape; et les mauvaises passions, la vapeur.

Si le peuple demandait des réformes, le privilége, heureux du *statu quo*, les refusait, et le haut commerce, chaque jour plus prospère, le haut commerce, qui a peur du moindre souffle qui d'aventure produit une imperceptible ride à la surface politique, le haut commerce s'imaginait que le peuple devait être en joie parce qu'il était en liesse : il fallait, quand Gustave avait bu, que la Pologne fût ivre; et les hauts barons de la banque, les potentats de l'emprunt et les hospodars de la rente se disaient que tout était au mieux dans le meilleur des mondes. Semblables à ces longues mouches au corps effilé et aux ailes diaphanes, que l'on voit par les chaleurs de juin voltiger en se baignant au courant d'une rivière à la pente endormante, et qui, sans souci de la minute qui va suivre, se livrent à la joie et à la sécurité, sans songer, les imprudentes, que le courant, bien qu'insensible, les conduit à la cascade qui n'est plus qu'à deux pas au-dessous d'elles et qui va les engloutir. Ainsi, à partir de 1842, faisaient les commerçants, les financiers, les industriels et tous les habiles de la bourgeoisie : — ils allaient, ils allaient, eux aussi, pleins de sécurité, tant qu'enfin le torrent de février les emporta pêle-mêle dans son courant impitoyable.

Est-il à penser que, si le pouvoir des derniers temps de la monarchie avait élargi la base des réformes politiques que l'on réclamait, et rapproché un peu plus près de la réalité cette fiction dite le *pays légal,* qui représentait si mal le véritable pays, est-il à supposer que, le 4 mai 1848, l'Assemblée nationale aurait jamais acclamé la République?

Non. — Avec une loi électorale aux proportions plus larges et sagement progressives, il y eût eu plus de sincérité dans la représentation nationale, et chaque législature nouvelle étant le véritable thermomètre de l'opinion, l'aiguille aimantée indiquant le point précis du pôle, si les agitations n'avaient pas entièrement disparu, elles auraient été considérablement affaiblies.

Dans un pays constitutionnel, plus le suffrage est répandu, plus il descend bas, et mieux les besoins de la société se montrent en relief ; car le résultat du vote est l'expression la plus sincère de l'opinion du pays.

Comment des millions d'hommes dispersés sur plusieurs centaines de lieues de surface pourraient-ils se tromper tous ensemble et simultanément? Comment tant de besoins divers, en se manifestant à de pareilles distances, ne seraient-ils que des besoins factices? Ce serait donc la première fois que cette grande voix du peuple aurait cessé d'être la voix de Dieu.

Et puis, si ces millions d'électeurs ne peuvent se tromper; le voulussent-ils sciemment, quel intérêt auraient-ils à le faire? Avec le suffrage universel, ou avec le suffrage appliqué sur une très-large base, par quel moyen influencerait-on des gens qui n'ont ni besoin ni intérêt pour être corrompus? L'ouvrier honnête de la ville, le petit rentier qui vit de son modeste capital placé sur hypothèque, l'artisan, le laboureur, qu'ont-ils à espérer pour eux-mêmes ou pour leurs proches de leur vote émis dans un sens plutôt que dans l'autre? Rien. Ils n'ont pas de protecteurs puissants qui les poussent dans les antichambres ministérielles ; et puis, qu'y demanderaient-ils ? Rien encore. Si donc ils votent au jour de l'élection, c'est pour l'intérêt général ; quant à leur intérêt privé, il n'y est pour rien du tout. Tandis que, quand le suffrage est restreint, quand, au lieu de millions, on ne compte plus les électeurs que par cent ou deux cent mille, la différence apparaît à l'instant même. Avec le suffrage universel, cent mille électeurs que l'on corromprait ne seraient qu'une minorité bien insignifiante ; ce serait de la corruption inutile, de la corruption en pure perte ; mais avec le suffrage monopolisé , on peut dire *à priori* que, sur deux cent mille électeurs du privilége, il y en a au moins cent mille qui ont un intérêt plus ou moins immédiat à le vendre : qui pour une place, qui pour une concession, qui pour une entreprise de travaux publics, où, moyennant un pot-de-vin, on a l'espoir d'un bénéfice, qui pour une croix, qui pour..... Enfin, que sais-je? — C'est ainsi que, quand s'ouvrait le marché électoral, si les cent mille électeurs ne se vendaient pas, c'est qu'ils ne trouvaient pas à se vendre ou qu'ils ne trouvaient pas leur prix.

Quel résultat pouvait-on attendre d'un pareil ordre de choses qui, substituant la corruption au libre arbitre, le calcul à la spontanéité, l'individualisme à l'intérêt général, faisait en ce temps-là de chaque électeur une petite puissance et du pays un paria?

• Il faut reconnaître cependant que ce serait une injustice d'attribuer exclusivement à la monarchie de juillet tout le mal qui a été fait sous son règne, et de la rendre seule responsable des fautes de toutes sortes qu'elle a pu commettre.—Le pays légal y a bien été pour quelque chose aussi : nous dirons plus, le pays légal peut à bon droit en revendiquer la plus grande part; car il a presque toujours été la pensée dont le pouvoir n'a été que l'instrument. Quelle est la théorie des gouvernements constitutionnels? Gouverner par les majorités. Eh bien ! les chambres de 1842 et de 1846 ne donnaient-elles pas à M. Guizot une majorité disciplinée et compacte comme M. de Villèle n'en eut jamais aux plus beaux jours de la Restauration ?

Comment gouvernait M. Guizot? D'après sa majorité, et encore souvent ne la suivait-il qu'à la remorque; car il ne voulait pas toujours marcher de front avec elle dans les voies réactionaires où elle l'engageait, et bien souvent il comprima ses impatiences rétrogrades.

Secondé, enhardi, poussé par sa majorité, le gouvernement de juillet ne devait-il pas se croire dans le *vrai légal,* puisqu'il ne marchait que sur les pas de cette majorité imposante qui était l'expression du pays. — Du pays légal, oui ; mais du pays réel, du vrai pays ? — Non.

Le fait est que la majorité des dernières assemblées délibérantes de la monarchie ne représentait pas mieux alors l'opinion générale du pays que les montagnards d'aujourd'hui ne représentent les idées et les besoins de la France.

Et l'on souffrait ; et, comme le pays est avant tout ami du repos, de la tranquillité et de l'ordre, de l'ordre surtout, et qu'il pousse la patience jusqu'à l'abnégation et la longanimité, il attendait en silence des jours meilleurs. Il comptait sur un changement de règne, sur les progrès de l'opinion, que sais-je ? et sans murmurer, il déplorait l'aveuglement impitoyable de ceux qui gouvernaient.

Il faut que les éléments sur lesquels s'appuyait la monarchie de juillet aient été aussi pourris, aussi vermoulus, aussi gangrenés, aussi corrompus qu'ils l'étaient, pour que jamais la République ait pu se glisser en France à l'abri d'un masque qui n'était pas le sien. Il faut que la monarchie n'ait eu ni racines dans le pays, ni entrailles, ni âme, que son cœur se fût ossifié dans la poitrine et que le sang se fût coagulé dans ses artères.

Quoi! au 24 février, le roi avait auprès de lui deux fils qui portaient tous les deux au côté l'épée du commandement, et pas un ne s'est trouvé pour se mettre à la tête d'un régiment et lui dire :

— « Soldats, la royauté que nous avons juré de défendre est attaquée, l'ordre est en péril, marchons; brave qui me suit, lâche qui hésite!... »

Est-il un seul soldat qui n'eût pas suivi son général? Est-il un seul officier qui eût remis son épée dans le fourreau? — Et la monarchie et l'ordre étaient sauvés.

Mais non, la corruption du bas jusqu'en haut avait atrophié tous les cœurs, et cette garde citoyenne pour qui la monarchie de juillet avait épuisé toutes les faveurs jusqu'au scandale, devenue susceptible, elle aussi, et se croyant un moment blessée dans son orgueil, elle crut faire une *niche* au pouvoir; et, laissant aller l'émeute, elle se croisa les bras. — C'était s'arracher, comme on dit, le nez en dépit du visage. — Messieurs, pourriez-vous, je vous prie, me dire combien vous y avez gagné?

Aussi, en présence de tant d'irrésolutions et de faiblesses, en présence d'un roi inhabile à tirer l'épée et de fils que leur aveugle soumission aux volontés *du père* rendait incapables de le défendre; en présence d'une garde nationale sans cœur, de députés sans courage, le peuple regarda Louis-Philippe s'éloigner sans regret comme sans plaisir: sans regret, car, à part lui, il se disait : ce n'est que justice ; sans plaisir, car, les yeux fixés à l'horizon, il ne voyait qu'un bien sombre avenir.

Et ce roi que ses flatteurs, repus de la veille, proclamaient le grand parmi les grands monarques, il n'en est pas un seul qui l'ait suivi sur la terre de l'exil! et, le 25 février, le soleil ne luisait pas encore que déjà ils faisaient antichambre dans les corridors de l'Hôtel-de-Ville, ou à la porte de la salle où se trouvait le gouvernement provisoire.

V

LE 24 FÉVRIER.

Quand la nouvelle de l'abdication de Louis-Philippe et de la composition d'un nouveau ministère arborant la réforme arriva dans les départements, elle fut accueillie avec une indicible joie. Le comte de Paris, roi, sous la régence de son auguste mère, la duchesse d'Orléans ; les réformes et M. Odilon-Barrot pour ministre, c'était ce que voulait la France, c'était à cette époque la mesure de tous ses désirs et de tous ses besoins.

Mais quand, le lendemain, on apprit qu'au mépris des déclarations de M. Ledru-Rollin et des promesses solennelles que M. Lamartine avait faites, le 24, du haut de la tribune, en face du ciel et de la terre, la République avait été proclamée sous la pression des trois cents amenés par M. Crémieux du pont de la Concorde; quand on sut partout comment était composé le gouvernement provisoire, une véritable stupeur s'empara du pays, qui longtemps se crut sous l'hallucination d'un rêve ou sous le poids d'un douloureux cauchemar. Les hommes même les plus avancés qui, au fond du cœur, avaient souhaité, mais à son heure, l'avénement du gouvernement républicain, ne furent pas sans de tristes appréhensions : les masses en furent consternées.

Il y a quelques jours, je ne sais quel orateur, répondant à M. Ledru-Rollin, s'indignait de l'assimilation que ce dernier venait de faire de la révolution romaine avec la nôtre; c'était, il en faut convenir, bien de la susceptibilité; car si Rome, à l'instar de l'Allemagne, a eu son Sand politique en novembre, Paris, à l'instar de lui-même, a eu en février ses trois cents hôtes des Tuileries. Révolution de Rome, révolution de Paris, je crois que ce sont deux bonnes sœurs qui se valent et qui n'ont guère à se reprocher leur parentage.

Chez nous la révolution, d'où était-elle sortie? Chacun le sait, et les résultats qu'elle donna dès le principe ne mentirent guère à son origine. Comment, en effet, pouvait-il en être autrement d'un gouvernement où siégeait un homme que ses collègues s'honoraient d'appeler leur noble ami, et auquel ils pressaient fraternellement la main? Un noble ami, sur ma foi, que ce Martin dit Albert, le complice de Darmès!

Aussi à peine le gouvernement provisoire, conduit en triomphe à l'Hôtel-de-Ville par ce cortége

que l'on sait, se fut-il mis à l'œuvre, que la
France, du même coup, comprit par quel chemin on voulait la conduire. Bientôt on vit s'abattre sur les départements, comme sur une proie,
tout ce que Paris comptait d'hommes tarés, d'hommes perdus de dettes, de débauches et de crimes, Catilinas politiques du plus bas étage, écume
impure qui surnage à la surface de chaque bouillon-
nement populaire. C'étaient là les honorables commissaires que M. Ledru-Rollin expédiait du ministère de l'intérieur pour mieux *républicaniser* le pays.
C'est ainsi que tout ce qu'il y avait de vraiment
impur se rua sur la France à raison de 10, 20 et
40 francs par jour. Pour faire des commissaires et
des sous-commissaires, on prenait des faillis, des
marchands d'hommes en état de banqueroute : les
maisons centrales fournirent même leur contingent;
et on alla chercher l'ambassadeur d'un petit État
dans le trou d'un souffleur de théâtre de second
ordre qui se livrait à une industrie moins licite

pendant les entr'actes. Ne sois plus fier, Caligula , d'avoir décerné la pourpre à ton cheval que tu faisais consul! car tu as été surpassé!... Il était réservé au gouvernement provisoire de la République de donner à l'Europe le dégradant spectacle d'autant de honte et d'humiliation.

Mais à quoi bon récriminer? à quoi bon revenir sur des jours maudits parmi les jours néfastes? Quand tout était remis audacieusement en question, le présent comme l'avenir, la propriété comme la famille; quand Dieu lui-même, livré aux hasards du scrutin , ne dut son existence reconnue qu'à deux voix de majorité[1]!... A quoi bon rappeler la lâcheté de ce troupeau de fonctionnaires publics, ce premier noyau de tous les pouvoirs usurpés , qui, vendus à celui qui les paye, sont et seront la lèpre incarnée de nos sociétés modernes, hommes sans cœur et sans dignité, qui, soutiens la veille de

---

[1] Il s'est trouvé un club qui a mis cette question à son ordre du jour.

M. Guizot et se montrant comme lui implacables à l'endroit des réformes, n'avaient pas de honte le lendemain de crier plus haut que les autres : *Vive la République!*

Tous ces préfets, tous ces procureurs généraux, tous ces hauts dignitaires qui émargeaient les gros traitements du budget, combien en est-il qui aient eu le courage pourtant si facile de la circonstance? combien en est-il dans l'administration, les finances et la magistrature qui aient protesté contre les excès de *cette démagogie pacifique* en donnant leur démission? Tous, à quelques imperceptibles exceptions près, ils sont restés à leur poste, et prosternés devant le nouveau soleil levant, ils s'aplatissaient la face contre terre, comme ces caravanes du désert à l'approche du simoun, pensant à force de bassesse que le tourbillon révolutionnaire passerait au-dessus d'eux sans les atteindre.

Parlerons-nous de la fortune publique compromise, de la fortune privée ébranlée sur sa base, des transactions suspendues, du commerce ruiné, de la rente naguère à 126 et descendant au-dessous de 52, de l'ouvrier pour lequel, disait-on, on avait fait la République et que la République faisait mourir de faim ! Les doctrines les plus perverses érigées en système, la spoliation mise à l'ordre du jour dans les clubs qui avaient remplacé la tribune, et partout la désolation, la ruine et parfois le suicide pour échapper à la ruine et au déshonneur.

Et, au milieu de ce désordre et de ce bouleversement, que faisaient les villes, ces villes naguère maîtresses du monopole électoral, ces villes qui, elles aussi, auraient volontiers écrit sur leur chapeau, l'État — c'est moi, — quelle était leur attitude ? elles, deux jours avant, si fières, si implacables !

Elles tremblaient, elles cachaient leurs écus, elles arboraient des drapeaux aux fenêtres de leurs maisons, elles plantaient des arbres de liberté qu'elles affublaient de bonnets rouges, et, courbées ignominieusement sous les fourches caudines du terrorisme social en haillons et à longue barbe, elles criaient à tue-tête : *Vive la République démocratique et sociale!...*

Partout s'ouvraient des clubs, parades misérables, contrefaçons ridicules de nos agitations passées, et aux premières banquettes, aux places réservées, qu'y voyait-on? Les banquiers, les marchands, les trafiquants, tous ces courtiers électoraux de la veille devenus des républicains du lendemain. Et puis, pérorant dans le milieu de tous les groupes, les fonctionnaires debout qui craignaient pour leurs places; et des substituts de procureur du roi qui aspiraient à devenir des procureurs de la République.

Pendant que les villes, fascinées par la peur, sacrifiaient effrontément au tyran du jour, il y avait en France une classe d'hommes, relégués jusquelà au dernier plan de la société, à laquelle nul n'avait jamais songé et qui, du fond de leur obscurité, regardaient venir les événements. Les gouvernements qui passent, monarchiques ou républicains, n'avaient jamais entendu parler de ces hommes, parce que nul parmi eux n'avait fait queue dans leurs antichambres. Connus seulement du collecteur qui les visitait régulièrement tous les mois, c'étaient des vaches à lait qui se laissaient pressurer sans rien dire, des bêtes de somme qu'on chargeait sans qu'elles se plaignissent.

Guidés par les seuls instincts primitifs de la raison et du bon sens, avant de se livrer à la fougue du patriotisme de commande des villes, ces hommes-là se disaient :

On nous impose la République. — Pourquoi pas? Mais où nous conduira-t-elle? Voilà la question.

Entre l'abus d'en haut et l'abus d'en bas, où est la différence?

L'égoïsme de la base n'est-il pas aussi de l'égoïsme comme celui du sommet?

La tyrannie, de quelque côté qu'elle vienne, n'est-elle pas toujours de la tyrannie!

Avons-nous pour le mal trouvé le bien, ou plutôt pour le mal n'avons-nous pas rencontré le pire?

Entre les avides d'hier et les avides d'aujourd'hui, nous ne voyons que la différence de l'échelon.

Qu'y a-t-il de changé? Rien. — Si pourtant : le bas est devenu le haut, et la misère est partout.

Et pendant que ces hommes-là, auxquels nos républicains de la veille n'avaient pas seulement songé, pendant qu'ils se livraient à part eux à ces réflexions philosophiques et profondes, apparut le suffrage universel.

De ce jour-là la borne fut posée, et le peuple des campagnes, le peuple le plus nombreux, le peuple de l'ordre, de la propriété et de la famille, qui paye ses impôts et qui, aux premiers dangers de la patrie, enrôle ses robustes enfants, ce peuple qui donne toujours et qui ne demande jamais rien, le peuple du gros bon sens, et dont l'épiderme est dure à l'endroit des illusions et des chimères, ce peuple-là, armé soudain du suffrage universel, cette seule force vraie et désormais invincible, **a dit** à la révolution, comme Dieu à l'Océan : — Tu n'iras pas plus loin. — De ce jour, c'en fut fait de la République, telle du moins que certains l'avaient rêvée à travers les brouillards de leurs utopies ou le délire de leurs exagérations.

On frémit quand on songe où en serait la France aujourd'hui sans les habitants des campagnes, qui, s'affranchissant cette fois de la tutelle des villes, n'ont suivi que les seules inspirations de leurs cœurs. Il faut le proclamer bien haut et sans se lasser, la campagne a sauvé le pays. Sans les campagnes, il est certain que les villes, courbées sous le poids de la peur, n'auraient point résisté à l'entraînement démagogique; et qu'au lieu de 100 ou 150 montagnards socialistes ou républicans de la veille qui s'agitent à la crête de la Montagne, l'Assemblée nationale eût été infestée de ces hommes aux théories audacieuses et perverses qui, sous prétexte d'organiser, détruisent; au lieu d'élever l'homme, l'abrutissent; d'un citoyen en feraient un esclave, et à la civilisation auraient fait succéder la barbarie.

Honneur donc aux habitants des campagnes qui, n'ayant que le bon sens et l'honnêteté pour guide, ont sauvé leur pays de la guerre civile, de la dévastation et de l'anarchie!

VI

UNE ANNÉE DU GOUVERNEMENT DE FÉVRIER
ET LES DIX MOIS DE L'ASSEMBLÉE NATIONALE.

Quos vult perdere Jupiter dementat.

A partir des élections d'avril, il est constant que si la révolution ne rebroussa pas, au moins elle s'arrêta tout court. Les républicains de la veille ne tardèrent pas à s'en apercevoir. Ils comprirent qu'avec le suffrage universel ils étaient perdus, et qu'ils seraient punis par où ils avaient péché; mais il était trop tard pour revenir sur leurs pas; il fallait en subir toutes les conséquences.

Si l'Assemblée nationale, qui venait de se réunir,

avait compris la hauteur de sa mission, en avait eu le courage surtout, il est à présumer que les épreuves que nous avons eu à traverser ne seraient pas survenues.

La chambre d'avril était, en majeure partie, composée de gens honnêtes, amis de l'ordre, incapables de mal faire ; mais, il faut aussi en convenir, pas républicains le moins du monde. Leur grand tort, ç'a été de le vouloir paraître. Le pays, en les nommant, ne leur avait pas recommandé de faire les hypocrites ; car en avril, pas plus qu'en décembre, la France n'était républicaine. Le peuple avait donné à ses élus pour mission spéciale d'être à l'Assemblée nationale les représentants vrais et fidèles de ses opinionns politiques et de ses tendances, et non pas de crier à la séance du 4 mai dix-sept fois *vive la République!* sinon *sociale*, au moins *démocratique*.

Ils étaient donc bien changés tout à coup depuis la veille, ces Berryer, ces Larochejaquelein, ces

Odilon-Barrot, ces Dufaure, ces Tracy, ces Dupin, ces Tocqueville, *et tutti quanti*, que pas un n'ait fait entendre sa voix.

Ils étaient donc réellement républicains? Pas le moins du monde : ils étaient au 4 mai ce qu'ils étaient le 24 février, les uns des légitimistes, et les autres des monarchistes. Tout le monde le savait, malgré leurs acclamations, tout le monde en était bien convaincu; mais ce que l'on ne savait pas, ce que l'on avait ignoré jusqu'alors, c'est que ces hommes, qui, dans leurs professions de foi, avaient juré de venir défendre à la tribune les opinions et les intérêts du peuple au prix de leur vie, quand arriva le danger, ne furent que des hommes mous, sans énergie, faibles, pusillanimes.

Dès la première séance de l'Assemblée nationale, la chambre fut jugée par le pays, et, aux yeux de beaucoup, elle perdit une partie de sa confiance et de son prestige.

Aussi la tristesse et le découragement devinrent

généraux, et la majorité, trompée dans son attente, attendit une occasion plus favorable pour manifester une opinion que ses mandataires faisaient semblant de ne pas connaître.

Cependant, dans la position de l'Assemblée nationale, eu égard au milieu dans lequel elle se trouvait, eu égard surtout aux éléments d'ordre et d'honnêteté dont était composée son immense majorité, au lieu de décréter que M. Ledru-Rollin ou MM. tel ou tel du gouvernement provisoire avaient bien mérité de la patrie, son premier devoir, c'était de mettre à exécution les promesses du 24 février, c'était de faire un appel au peuple.

Un grand principe venait d'être solennellement proclamé et accepté par la population tout entière; il fallait en faire l'application dans son acception la plus large, et jeter, de par la volonté du peuple, les fondements de l'édifice social et politique tel que le peuple voulait le bâtir.

Alors, comme au 10 décembre, tous les partis

rivaux se seraient trouvés en présence, on eût su au moins ce qu'était la France, si elle était monarchique, légitimiste, élective, impériale, républicaine ou socialiste : ainsi se seraient évanouis les rivalités, les luttes, les conflits et les révolutions à venir; mais la chambre, malgré les sympathies monarchiques de son incontestable majorité, n'a pas osé poser la question, dans la crainte qu'elle ne fût résolue contre la République.

Et ce fut ainsi que l'établissement républicain, pour lequel le peuple n'avait pas été consulté, introduit de fait au 24 février par une habileté de main peu loyale, fut, le 4 mai, reconnu de droit par l'Assemblée nationale, sans discussion préalable et par un abus de mots des plus insignes.

L'Assemblée nationale, n'osant pas aborder de front la question, aima mieux la tourner. Elle aussi eut peur, — voilà tout, — elle eut peur.

La peur !... mais combien de gouvernements n'a-t-elle pas perdus, combien n'en perdra-t-elle pas encore? — La peur!... mais ne disait-on pas en son nom, au mois de mars, que sans M. Ledru-Rollin à la dictature on aurait la guerre civile et sociale? M. Ledru-Rollin n'a pas été dictateur, et la guerre civile n'est pas arrivée à cause de lui *seulement*. Je dis *seulement*, car il ne faut pas mettre à son actif les sanglantes journées de juin, sur lesquelles on sait mieux à présent à quoi s'en tenir. L'histoire aura déjà un compte assez sévère à demander à cet homme, sans l'accuser d'un crime dont chacun, depuis le gouvernement provisoire jusqu'à l'Assemblée nationale, à cause de ses imprudences et de ses faiblesses, a été plus ou moins le complice.

Plus tard, quand il s'agissait de la présidence, ne disait-on pas encore au nom de la peur que, si le général Cavaignac n'était pas nommé, nous aurions la guerre civile, qu'on assassinerait son compétiteur, que les conjurés avaient déjà tiré au sort, que tout était prêt et que le sang de nouveau allait couler dans Paris? Cinq millions cinq cent mille suffrages sont venus protester contre ces appréhensions chimériques; et, en dépit des banquiers, des négociants et des fonctionnaires publics, de tous les peureux enfin, qui croyaient retrouver leurs influences des beaux jours de la monarchie; en dépit de l'Assemblée nationale elle-même, qui, abjurant toute dignité, s'était mise en campagne pour ce grand courtage électoral, Louis-Napoléon a été proclamé président de la République; les républicains de la veille presque tous remplacés, et il n'y a pas eu la moindre émeute... et, d'un bout à l'autre de la France, le peuple crie : *Vive Napoléon!*

Viennent les élections nouvelles, et il est certain que pas un, ou bien peu du moins de ceux qui siégent à la Montagne ou sur ses versants, ne reviendront émarger leurs 24 francs 66 centimes par jour au budget du Palais-Bourbon.

Est-ce que ce jour-là il y aura une révolution,

une guerre civile ou une émeute? pas le moins du monde.

Si l'on se pénétrait bien de la force immense du suffrage universel, on reconnaîtrait tout ce qu'il y a de puéril à concevoir de pareilles craintes. Dans un état démocratique basé sur le suffrage universel *librement* exprimé, il n'y a que des majorités et des minorités, des majorités énormes qui commandent, et des minorités infiniment petites qui obéissent; le pays qui prononce en masse, et quelques factieux qui protestent; le pays qui juge et condamne, et des factieux qu'on châtie.

C'est ainsi qu'obsédée par je ne sais quelles appréhensions sans consistance, l'Assemblée nationale s'est péniblement traînée du 4 mai au 10 décembre, sans énergie, sans force, sans courage, ne satisfaisant ni les partis ni les masses : trop honnête pour tendre la main à la Montagne, mais pas assez osée non plus pour embrasser chaudement les opinions politiques du pays et assouvir ses tendances monarchiques. Car l'Assemblée nationale n'était pas assez aveugle ou assez dépourvue de sens commun pour ne pas avoir compris que M. Thiers, nommé quatre ou cinq fois en juin, et que la décuple élection de Louis-Napoléon porté par le sixième de la France, par quinze départements, à la candidature, étaient autant de protestations énergiques et significatives contre un ordre de choses qui n'allait ni aux mœurs, ni aux désirs, ni aux idées, ni aux besoins du pays. Et cependant cet aveuglement de sa part, on serait tenté d'y croire quand on a vu le rôle qu'elle a joué dans ces derniers temps vis-à-vis de ce même pays, quand il lui a dit de sa voix la plus haute : — Votre temps est fini, vous n'avez plus ma confiance, retirez-vous ! — Quelle pitoyable conduite n'a-t-elle pas tenue dans cette circonstance ! N'ayant ni assez de dignité pour quitter à temps le terrain, ni assez de courage pour tenir jusqu'au dernier moment, elle s'en ira comme elle est venue : telle vie, telle fin. — Que la terre lui soit légère !

Voilà à peu près l'historique de l'année que nous venons de traverser et de parcourir, année de deuil et de misère, dont demain cependant on va célébrer la bienvenue en ce monde... demain la joie officielle sur la place publique, et demain la douleur et la faim au foyer domestique.

Mais arrêtons-nous un instant. A quoi bon reporter nos regards en arrière? Depuis un an que nous marchons péniblement par un sentier rocheux et difficile, ne sommes-nous pas à peu près revenus à notre point de départ? Seulement nous avons, dans ce long circuit, semé nos dépouilles tout le long de la route ; nous avons déchiré nos pieds aux ronces du chemin, et il nous faut à présent recommencer à nouveau le voyage. Mais pourquoi revenir à de tristes pensées ! Jetons, s'il se peut, un voile sur le passé, et songeons à l'avenir.

VII

DE L'AVENIR DE LA RÉPUBLIQUE DE FÉVRIER.

> . . . . Ne voyez-vous pas
> comme moi, si comme moi vous regardez dans
> le silence de vos âmes, ne voyez-vous pas que
> la République chancelle dans son attitude!...
> qu'elle glisse... Et s'il est vrai que la France,
> dans sa généralité, dans sa liberté, dans son
> indépendance d'esprit, dans la maturité et la
> dignité de ses mœurs, ne fût pas assez répu-
> blicaine, ou qu'elle ne le fût pas du tout, la
> contraindriez-vous à l'être?...
>
> LAMARTINE, *séance du 6 février* 1849.

Dans deux mois, l'agitation va remuer la France d'un bout à l'autre ; dans deux mois, le scrutin de l'élection va s'ouvrir. Qu'en sortira-t-il ? Tel est aujourd'hui l'état de la question.

Pour savoir ce que seront les élections générales, pour prédire ce qu'elles devront être, il n'y a qu'à se faire une demande bien simple et toute courte, mais nette et précise cependant.

La France est-elle républicaine? — la France veut-elle de la République?

Pour tout homme de bonne foi, qui voit et qui observe, il n'y a non plus qu'une réponse bien précise, bien nette et bien catégorique.

Non, la France n'est pas républicaine; non, la France ne veut pas de la République; car la France veut le progrès dans la liberté, et la République ne lui a donné ni l'un ni l'autre.

Alors que veut la France?

Il ne faut pas tergiverser; il ne faut pas aller par quatre chemins, il faut être franc et aller droit au but : la France veut un pouvoir monarchique.

Soutenir le contraire, ce n'est pas seulement mal connaître le pays, c'est être un homme de mauvaise foi, bien plus, c'est faire acte de mauvais citoyen.

6.

Il est même inconcevable que jusque-là la presse périodique, la bonne presse, je veux dire, qui n'est pas républicaine, tant s'en faut, elle aussi se fasse peureuse et louvoie autour de ses principes. Il est incroyable que lorsqu'il y a une spontanéité périlleuse à saisir, il faille aller la chercher dans la presse départementale, qui durant l'état de siége a montré à la presse de Paris comment on a du courage et de la résolution. Tourner autour de la question, ce n'est pas l'éclairer, — tandis que l'attaquer résolument, c'est presque la résoudre.

Oui, la France est monarchique.

C'est un fait que nous constatons à regret ; car à notre point de vue et d'après nos opinions, qui ne datent pas d'hier, comme on sait, nous préférerions de beaucoup au système monarchique un système sincèrement, mais honnêtement républicain, ce qui ne veut pas dire le moins du monde que nous sommes partisan du régime actuel, tant s'en faut.

Mais enfin, puisque le fait existe, puisqu'au fond

la France n'est pas républicaine, et que tous les efforts que l'on ferait pour le nier viendraient se briser contre la pierre angulaire de cette vérité incontestable, c'est porter atteinte à son indépendance que de vouloir la forcer non-seulement à l'être, mais à le devenir. Continuez, si vous le voulez, dans les journaux, dans la presse, partout où vous voudrez, d'être les prédicants paisibles de la supériorité du gouvernement républicain sur tous les autres gouvernements; disposez les mœurs à s'en accommoder; mettez-le à la portée des masses qui, quand l'heure sera venue, n'auraient plus qu'à tendre la main pour se l'approprier; mais qu'une infime minorité veuille river la majorité immense de la population à une forme de gouvernement qui lui déplaît et qu'elle repousse, c'est commettre un attentat contre la liberté, et vous avez inscrit la liberté à l'un des sommets de votre triangle politique. Forcer la France à être républicaine malgré elle, c'est vouloir que le malaise se perpétue, que le commerce meure, que la confiance soit ensevelie pour jamais, et que l'anarchie, mise à l'ordre du jour, mine le pays : c'est vouloir, en un mot, que la France périsse de consomption et de désespoir. .

En vérité, à voir l'ardeur de certains hommes, on croirait que le peuple est le mannequin qui doit servir à essayer leurs doctrines. Les gouvernements sont faits pour les peuples; mais c'est s'abuser que de croire que les peuples sont faits pour les gouvernements.

Tous les désastres que nous déplorons depuis un an ne tiennent qu'à cela. Encore une fois, la France à présent ne veut pas encore de la République, et vous aurez beau dire et beau faire, vos efforts seront impuissants. Si honnêtes gens que vous soyez, tels hommes que vous mettiez au sommet du pouvoir, soit parmi les plus considérables, soit parmi les plus considérés, ces hommes-là s'useront en pure perte, rien n'y fera. Quand vous avez une mauvaise voiture, ce n'est pas en changeant de chevaux à chaque voyage que vous la rendrez meilleure. Quand une voiture est trop dure ou trop cahoteuse, il n'y a qu'un seul moyen pour la rendre moins cahoteuse et moins dure, c'est d'en prendre une autre.

Ainsi de la République aujourd'hui, par rapport aux masses qui n'en veulent ni pour peu ni pour prou : — c'est pour elle le résultat d'un parti pris. — Vouloir, au mépris de la volonté bien prononcée des masses, les forcer à devenir républicaines quand même, c'est commettre un crime de lèse-nation au premier chef.

Avec le temps, vous parviendrez peut-être, vous parviendrez sans doute à vaincre cette répugnance; mais il n'y a que le temps pour cela, et ni la force ni la violence, ni la ruse ni l'habileté n'y réussiront. Le cœur de l'homme ne se change pas, croyez-moi, comme une forme de gouvernement ; le cœur de l'homme ne se prête pas à un coup de main. On peut bien décréter une République, mais je vous défie de décréter des républicains.

Pour vous en convaincre, après une année d'expérience, voyez ce qui s'est passé au mois de décembre :

Deux candidats sérieux étaient en présence :

L'un, M. le général Cavaignac, et assurément
c'était le plus honnête, avait arboré le drapeau républicain. L'était-il au fond du cœur? c'est possible, je le crois même; toujours est-il qu'il se posa
sur le terrain de la République.

L'autre, Louis-Napoléon, n'avait à vrai dire arboré aucun drapeau. Était-il républicain, lui? Il est
permis d'en douter ; toujours est-il que le peuple
n'y crut pas.

Qu'avait fait pour le pays Louis-Napoléon, re-
venant en France après 33 ans d'exil ? Franchement
rien, sinon des folies, au dire de beaucoup. Pour
mon compte je le conteste; on n'est pas recomman-
dable seulement par la langue ou l'épée; mais enfin
il y en avait qui partageaient un avis contraire.

Qu'avait fait le général Cavaignac? Pour faire un président de République, il avait au moins les qualités de l'emploi ; il était républicain, et puis, aux yeux de bien des gens, il avait en juin *sauvé la France*, et l'Assemblée en masse avait décrété qu'à l'instar du gouvernement provisoire, il avait bien mérité de la patrie.

Parlerai-je de M. Lamartine, honnête homme s'il en fut; point républicain du tout celui-là, à moins qu'il ne soit bien changé ; mais qui, enivré un beau matin à l'harmonie de ses paroles, se crut et *se fit passer pour tel*.

Comment se sont réparties les voix? Sur sept millions un peu passé de votants, Louis-Napoléon, qui, dans l'esprit des masses, était un *monarchien* (style rouge), a eu cinq millions cinq cent mille suffrages, et cela, par cela seul qu'il représentait les traditions monarchiques.

M. Cavaignac, au contraire, malgré cent cinquante mille employés de toutes sortes et cinq cent mille soldats de l'armée sur lesquels sa position pouvait exercer une certaine pression, n'a pu réunir qu'un million cinq cent mille suffrages. Pourquoi si peu? — Par cela seul qu'il était républicain.

Et M. Lamartine, qui l'avait vue naître, cette chère République, qui l'avait choyée comme une nourrice soigneuse et attentive, qui plus tard, la débarrassant de ses langes, lui avait dit, comme à un enfant perdu : — Va ! — lui, le républicain par excellence, vraisemblablement puisqu'il le disait; lui qui, aussi deux fois, Dieu me pardonne, avait à l'unanimité bien mérité de la patrie, combien a-t-il eu de voix? Oh! ingratitude des ingratitudes! 16 ou 17,000!... Deux fois moins que Raspail!...

Les montagnards et les républicains de la veille auront beau dire et beau faire, s'ils ne voient pas un grand enseignement dans tout cela, c'est qu'ils sont bien aveugles ou terriblement obstinés.

Quinze ou vingt jours avant l'élection du 10 décembre, la rente était descendue à quelque chose comme 62, alors qu'on craignait l'avénement de M. le général Cavaignac; Louis-Napoléon l'emporte, et le 5 0/0 remonte à l'instant même de 15 à 16 francs, à 78.

Que les élections prochaines soient monarchiques, et la rente touchera le pair.

Les républicains ne manqueront pas de crier à la réaction. Eh! mais sans doute, ils auront raison ; et nous aussi nous aurons raison de leur dire : Vous, minorité, dans un moment de surprise bien coupable, vous avez *agi* sur cette majorité immense qui a donné dans le piége, et aujourd'hui cette majorité-là, dans le calme de la réflexion, *réagit* sur vous. Je ne vois pas où est le mal. Chacun son tour. Oui, le pays en masse réagit dans son propre intérêt contre vous qui n'aviez agi que dans le vôtre; et pour défendre ses foyers, il réagit surtout contre ceux d'entre vous qui vouliez le dépouiller de ses foyers.

Criez, criez à la réaction! criez encore! Tant

mieux : mais crier à la corruption, je vous en défie; et, tant que vous ne crierez pas à la corruption, c'est que la France ne voudra pas de vos doctrines et qu'elle sera dans le vrai.

Vous voyez donc bien que votre République s'affaiblit tous les jours, qu'elle souffre, qu'elle glisse, comme dit M. Lamartine, qu'elle s'affaisse... elle se meurt. Et, n'étaient les cris des montagnards qui la galvanisent et l'empêchent de trépasser, la cérémonie du 24 février, au lieu d'être l'anniversaire de sa naissance, ne serait qu'un service du bout de l'an.

Parcourez la France d'un bout à l'autre, consultez, interrogez l'artisan, le marchand, le fermier, le rentier, le capitaliste, le laboureur, l'industriel, le propriétaire, le notaire, l'avocat (sauf l'avoué et l'huissier qui commencent déjà les saisies et les expropriations qui ont suivi les protêts et les jugements), tout le monde enfin; parcourez l'échelle sociale du bas jusques en haut, et à tous ces braves

gens-là demandez ce qu'ils pensent du système républicain... Ils vous enverront au diable, vous et la
République. Et, parmi nos représentants, j'en sais
bon nombre qui, s'ils l'osaient, en diraient bien autant.

Oui, de la base au sommet, du sommet à la
base, d'une extrémité à l'autre de la France, c'est
un chorus universel de récriminations contre un
ordre de choses qui mine le pays et le dévore.

Ceux qui disent, pensent ou font le contraire, ce
sont des menteurs ou des hypocrites qui trouvent
apparemment que l'heure n'est point encore venue
pour eux ou leurs desseins.

Et mon Dieu, certains discours de la tribune,
quoique moins explicites, n'en sont pas moins
précis quelquefois, et, parmi les innombrables in-
terruptions qui se croisent à l'Assemblée, il s'é-
chappe bien des phrases qui ont une signification
souvent fort énergique. Cette opinion n'est pas
seulement celle de la France, c'est encore celle de

l'Europe entière, et l'autre jour à la tribune italienne, M. Mamiani, un personnage éminent, ne disait-il pas : « Et de la France que pouvez-vous espérer, que pouvez-vous attendre si déjà la République y est agonisante et si tout le monde se prépare à un second empire? »

Ainsi, au dedans comme au dehors, l'agonie de la République est un fait accompli.

En bonne conscience, pouvait-il en être autrement?

Quand les révolutions, qui portent dans leurs flancs l'émancipation intellectuelle et le bien-être matériel des peuples, ne voient pas toujours leurs gouvernements avoir une longue vie, parce que l'homme, en politique, se défie de l'inconnu, fallait-il raisonnablement espérer que la République du *National*, qui ne devait, qui ne pouvait rien faire pour les masses, auxquelles elle ne montrait qu'irrésolution et incertitude, acquerrait ces sympathies qui font la durée des institutions?

Son rôle unique était de faire éclore le suffrage universel; et, comme ces *éphémères* qui, nées au matin, pondent à midi, pour mourir le soir, cet acte accompli, la République de février n'avait plus qu'à mourir comme elles.

Elle a donné le suffrage universel, c'était sa tâche, sa mission; ne lui en demandez pas davantage, elle n'a rien fait autre chose, elle ne fera rien de plus.

Au lieu d'élever un édifice nouveau, elle s'est contentée de gratter l'extérieur de l'ancien

Au fronton il y avait écrit : Monarchie, elle a mis République; l'hôte du logis s'appelait roi, elle l'a appelé président; et pour un chapeau elle a troqué une couronne. Ses députés sont devenus représentants; à la place de M. Sauzet nous avons eu le citoyen Marrast; la Cour royale s'est changée en Cour d'appel; hier c'était M. Duchâtel, aujourd'hui c'est M. Léon Faucher. Au lieu que ce soit Louis-Philippe aux Tuileries, c'est Louis Napoléon à l'Élysée ; et ce qui était le haut est devenu le bas. Avez-vous vu quelquefois ces voitures aériennes de Tivoli où tour à tour l'on monte et l'on descend ? eh bien ! c'est absolument la même chose, à l'exception qu'ici c'est toujours le pauvre peuple qui tourne la manivelle.

La République de février n'a fait que changer la forme, le fond est resté le même ; comme celui de la monarchie, son gouvernement a conservé les mêmes rouages et les mêmes défauts : le mécanisme n'a fait que prendre un autre nom.

En France, c'est tout ce que pouvait une République *honnête*.

Or donc, si la République de février, *même honnête*, ne pouvait nous donner que si peu de chose, un résultat si mince, un mot à peine mis à la place d'un autre, on se demande d'où venait la nécessité si grande de révolutionner si fort le pays, et de diminuer de 24 milliards la fortune publique ou privée.

La nécessité!... Mais ne fallait-il pas que messieurs tels ou tels du *National* réalisassent à leur profit, *pour le bonheur de la France,* cette proverbialité triviale :

Ote-toi de là que je m'y mette.

La grande, l'impérieuse, la seule nécessité de la République de février, la voilà : n'en cherchez pas d'autre, car vous n'en trouveriez pas.

Cependant, pour ne parler que de l'agriculture et des classes ouvrières, que de choses il y avait à faire pour cette nouvelle République qui s'inaugurait au nom de la *fraternité!*

Au lieu de frapper l'agriculture comme un pays conquis, n'était-il pas plus expédient de lui tendre la main et de la débarrasser des étreintes de l'usure qui la dévore?

Était-ce en augmentant les salaires et en diminuant le travail, ou en accordant une prime à la

7

paresse dans les ateliers nationaux que l'on pouvait raisonnablement améliorer le sort des ouvriers?

Pour résoudre ce problème qui préoccupe à un si haut degré nos sociétés modernes, c'était sur un champ plus vaste qu'il fallait se placer; c'était sur le terrain de la *transformation morale* et de la *propriété*, ces deux filles de l'éducation et du travail.

Moraliser l'ouvrier, c'est lui donner le goût du travail, d'où doit nécessairement découler la propriété à laquelle il aspire : et quand l'*ordre*, ce grand corollaire de la *moralisation* du *travail* et de la *propriété* sera une fois entré par sa porte, soyez certains que les journées de juin ne reviendront plus, que les gouvernements présents ou à venir s'appellent république ou monarchie.

Mais quand les républicains de la veille se sont vus au pouvoir, ce but de toutes leurs convoitises, ils ont pensé que, leur tâche accomplie, ils n'avaient plus qu'à monter au Capitole pour rendre grâces aux dieux.

Aussi qu'ont-ils fait pour le pays? Rien. Qu'ont-ils innové? Rien. Qu'ont-ils réformé? Rien. Et que feront-ils? qu'innoveront-ils? que réformeront-ils? Rien encore. Ils ne se réformeront pas seulement eux-mêmes.

Voilà un an que nous avons le bonheur de vivre en République, et, n'était le nom, et un peu la misère aussi, ne se croirait-on pas en pleine monarchie !

N'avons-nous pas, comme auparavant, des préfets et des sous-préfets? des percepteurs et des commis? des solliciteurs dans les antichambres et des sergents de ville dans les rues? des voleurs et des volés? des avocats et des Cours d'assises? des escrocs et des dupes? des prisons et des gendarmes? des gens à pied et des gens en voiture? De ceux-ci un peu moins, de ceux-là un peu plus peut-être. Et puis des vestes qui ne se sont pas allongées en redingotes, mais des redingotes qui se sont accourcies en vestes, parce que de la jupe on a fait des bouts de manche.

Hors cela, qu'y a-t-il de changé ? Rien. Toujours rien !

On comprend 89 qui révolutionna pour réformer, pour améliorer, et qui des vestes fit des habits. Mais on ne comprend pas 1848 qui, révolutionnant tout et n'améliorant ni ne réformant rien, n'a abouti qu'à faire avec une redingote ample une veste écourtée.

Une révolution qui n'a eu pour le peuple d'autre résultat que de grossir le budget, de doubler les impôts, et puis de faire de M. Flocon un ministre, de M. Recurt un préfet de la Seine, de Barbès un représentant, du sous-officier Thomas un général, cette révolution-là est le comble de l'aberration, de la niaiserie, de l'odieux et du ridicule ; et les hommes qui se sont mis à la tête de ce mouvement sont ou des niais ou des mauvais citoyens, s'ils ne sont pas le tout ensemble.

Les républicains de la Montagne au moins sont plus logiciens. Leurs doctrines donnent la chair de poule, c'est vrai, mais ils sont conséquents. S'ils révolutionnent le pays, s'ils y portent le trouble, c'est pour arriver à des résultats sérieux, importants, immenses, d'où dépend, *à leur point de vue*, le bien-être des masses. Ils peuvent se tromper, mais au moins c'est après du *nouveau*, c'est après une république *véritable*, une république à leur image qu'ils aspirent. Tout odieuse qu'elle paraisse être ou qu'elle soit, leur république a un but; car elle ne détruit pas pour le plaisir de détruire, pour une vaine satisfaction d'amour-propre, d'ambition ou de haine, pour faire du cartonnage enfin. Ils ne s'attaquent pas seulement à la forme, ils vont droit au fond : aussi leurs réformes sont radicales; et il faut convenir que si jamais la République (pas la République eunuque et bâtarde que nous avons), mais une *République* enfin, doit à *un jour rapproché* exister *réellement* en

France, ce sera leur république : la république de la barbarie, à la vérité ; mais c'est la seule rationnelle, la seule possible après tout, *en tant que République*. Espérons qu'elle n'arrivera jamais!... car cela ne dépend que de notre conduite ultérieure.

Si donc les socialistes sont déplorables, les républicains de la veille ne sont qu'odieux. On pourrait à la rigueur pardonner aux premiers ou les plaindre, s'ils sont de bonne foi ; mais qui pardonnera jamais à ces hommes qui, de gaieté de cœur, pour satisfaire seulement une misérable ambition, des haines personnelles ou de pitoyables rancunes, se sont fait un jeu de précipiter leur pays dans l'abîme d'une révolution qu'il ne voulait pas, et d'où *ils savaient d'avance* qu'il ne retirerait que la ruine?

Et ces gens-là pèseraient encore longtemps sur la France! — Il n'y aurait donc plus de Dieu dans le ciel.

VIII

LE COMTE DE CHAMBORD, LE COMTE DE PARIS ET LOUIS-NAPOLÉON.

Ait unus, negat alter.

Le Rudiment.

Lequel des trois?...

***

Ici se présente une question délicate, embarrassante, laborieuse, ardue. Si la République doit réellement disparaître de la France ; si, à l'instar de ces plantes tropicales qui, pour végéter en pleine terre dans nos latitudes, ont besoin de passer de leur soleil dans une serre chaude, puis de la serre dans l'orangerie, afin de s'acclimater à la longue ; si la République, intempestivement transplantée parmi nous, n'a pu prospérer dans notre sol ; si elle doit y périr, à sa place que mettrons-nous ? quel édifice rebâtira-t-on sur les ruines de la République ?

Une monarchie légitime se ressoudant à 1830 avec la noblesse et le privilége pour base, comme la monarchie restaurée de Louis XVIII et de Charles X ?

Une monarchie élective héréditaire s'appuyant sur la fiction du pays légal et sur l'exception, comme celle de Louis-Philippe ?

Ou bien un empire basé sur le suffrage universel pratiqué librement, franchement, sans crainte, sans arrière-pensée ?

Nul ne le sait. Le peuple en est le maître ; et quand, réuni dans ses comices, il aura prononcé, il ne restera plus qu'à s'incliner devant ce grand arrêt sans appel.

Là seulement est la légitimité; tout le reste n'est que de l'usurpation, n'importe comment on la déguise. Ne pas consulter le peuple, c'est ouvrir la porte aux révolutions; le consulter avec bonne foi, c'est la fermer pour jamais.

Si par le passé et le présent on peut juger de l'avenir, il est certain que la monarchie restaurée, pas plus que la monarchie de 1830, n'ont de chances de retour.

La légitimité, décapitée en 1793 par la hache du bourreau, a perdu son prestige; son temps est passé, et le clergé, *sa droite* d'autrefois, ne lui prêterait plus aujourd'hui son appui. Le clergé actuel a compris que, pour que la religion fût honorée, il fallait que ses ministres s'honorassent, et que ce n'était qu'en s'associant, dans la sphère de ses attributions, à la marche du progrès et en se tenant à l'écart de tous les partis, qu'il ferait surnager la religion toujours pure, toujours grande, toujours vénérée, à la surface des tempêtes révolutionnaires.

Cette grande vérité, le clergé l'a comprise; depuis 1830, il l'a mise en pratique. Aussi, quand est arrivé l'ouragan de février, dont le souffle fatal agitait si fort la société qu'il menaçait d'emporter dans son tourbillon, le clergé en a-t-il ressenti la moindre atteinte? son culte a-t-il été entravé? Nullement. En février, il s'est contenté de prier pour les morts sans distinction de couleur ou d'origine, et le peuple reconnaissant a envoyé à l'Assemblée nationale une vingtaine de prêtres qu'il a crus les plus dignes, et qu'il a choisis dans tous les degrés de la hiérarchie sacerdotale, depuis l'évêque jusqu'à l'humble religieux. Et au milieu de la sanglante mêlée de juin, quand un saint prélat, précédé de l'olivier de la paix, allait porter des paroles de consolation et de conciliation, dans les deux camps on se mettait à genoux sur son passage pour lui demander sa bénédiction.

Où serait l'appui de la légitimité aujourd'hui? Ce ne serait pas dans la bourgeoisie qui la hait, ce ne serait pas non plus dans l'habitant des campagnes, qui se souvient encore de la dîme, des droits féodaux et du vol du chapon.

Resteraient donc quelques petits gentillâtres campagnards, ou quelques vieilles douairières du faubourg Saint-Germain : pauvres et débiles soutiens !

Quelle serait après tout la conséquence de cette monarchie qui se dit *seule légitime?* Le retour de M. le comte de Chambord?

Mais qu'est-ce que M. le comte de Chambord? Qui connaît aujourd'hui en France M. le comte de Chambord? A part nos gens de tout à l'heure, qui veut sérieusement de M. le comte de Chambord?

Et quelle est, en définitive, la valeur de M. le comte de Chambord comme homme et comme principe?

Comme homme, elle est aussi radicalement nulle que celle de pas un de ceux de sa race depuis plus d'un siècle et demi. L'infirmité bourbonnienne est une banalité triviale aujourd'hui.

Comme principe, elle est déplorable; car elle représente une idée déjà deux fois vaincue depuis soixante ans. Deux fois ses aïeux se sont joués du peuple qui s'était confié à leurs promesses, et deux fois la France indignée les a chassés comme des traîtres et des parjures. 1814 et 1815 saignent encore au cœur de tous les gens honnêtes. Ils n'oublieront jamais que la branche aînée des Bourbons, qui, après avoir inondé la France des flots de sang de la guerre civile qu'elle entretenait du dehors, s'imposa au pays de par les baïonnettes étrangères, n'y rentra deux fois avec ses nobles que dans les fourgons des Cosaques, qu'ils appelaient leurs bons amis les alliés. Le souvenir de son humiliation passée est encore trop présent à sa mémoire, et jamais, non jamais, la France ne subira bénévolement la sanglante injure du comte de Chambord, au nom duquel, il y a dix-huit ans aussi, sa digne mère, cette noble compagne du juif Deutz, l'héroïne de Blaye, cette vertueuse épouse *in partibus* de Lucchesi Palli, fomenta l'insurrection de la Vendée avec sa bande du Carlo Alberto.

Après M. le comte de Chambord se présente naturellement la régence et le comte de Paris.

Il est peu probable, à un an de distance, que le peuple, qui a honteusement chassé l'aïeul, soit bien flatté d'accueillir le petit-fils. C'est plus que problématique, d'autant que les peuples, comme les individus, ont aussi leur amour-propre, et qu'une pareille démarche, outre qu'elle infligerait à la France un sanglant démenti, l'exposerait à bon droit aux risées de l'Europe et du monde.

Pour soutenir la légitimité, il se trouverait peut-être encore en France un reste de noblesse; mais la monarchie de juillet, hélas ! n'a fait que des ingrats qui, pour renier leur maître, n'ont pas attendu la troisième heure, et à l'appel suprême que leur ferait le comte de Paris, comme Pierre reniant le Seigneur, ne diraient-ils point : Nous ne vous connaissons pas.

Reste l'empire électif, à vie ou héréditaire.

Et ici surgissent tout à coup des sympathies spontanées, immenses.

Napoléon !

Qui ne sent, à ce nom magique, se dresser comme un géant le symbole de l'ordre, de l'organisation, de la force et de la gloire ! — Gloire, force, organisation, ordre, quatre mots féeriques qui n'ont jamais résonné au cœur du peuple français sans que toutes les fibres de son organisation aient vibré.

Napoléon !

Mais n'est-ce pas aussi la légitimité du génie, la légitimité de la persévérance, la légitimité de la renommée, triple légitimité sanctionnée par la légitimité des légitimités, la légitimité du suffrage universel !

Quand, de par la volonté toute-puissante de 26,000,000 d'hommes, Napoléon, à la couronne immortelle qui ceignait déjà son front, ajouta la couronne impériale, ne réunissait-il pas sur sa tête deux légitimités qui valaient pour le moins celles des Pharamond, des Pépin et des Hugues, savoir : la légitimité du peuple et la légitimité de la gloire?

En acceptant la couronne, le peuple lui a dit : Voilà tes droits, voici tes devoirs. Tant que tu accompliras les uns, tu conserveras les autres. Ces devoirs, il les a accomplis; ces droits, il ne les a pas perdus. Jamais il n'a manqué à la France comme jamais la France n'a manqué à son Empereur; jamais le peuple ne l'a chassé, lui, car il sortait du peuple, car il était l'enfant du peuple, son enfant d'adoption; il ne céda que sous la pression de l'Europe coalisée contre lui, et ce n'est pas le peuple aujourd'hui qui songerait à lui opposer la prescription de 33 années d'exil.

Napoléon, dans toute notre longue histoire, n'a de comparaison à soutenir que contre un seul homme : Charlemagne. — Charlemagne, Napoléon, deux génies qui ont plus fait pour la France que cette longue suite de rois fainéants ou débauchés qui, pendant 1400 ans, ont régné sur elle. A côté de ces deux grands organisateurs, qu'est-ce que Louis XIV lui-même, qui n'a fait que refléter la grandeur de son siècle? Napoléon comme Charlemagne, au contraire, ont illuminé leur siècle de l'éclat de leur grandeur.

La vraie légitimité que ne conteste pas le patriotisme et dont le peuple garde le souvenir, la voilà : tout le reste n'est que frelaté et de mauvais aloi.

Pauvre et riche, jeune et vieillard, artisan et soldat, quand ils parlent de Napoléon, ils ont des larmes dans les yeux, et l'orgueil dilate leurs narines ; car Napoléon, sorti du peuple, aima le peuple, et préféra la mort sur le rocher de Sainte-Hélène plutôt que de tenter avec les débris de l'armée de la Loire les hasards incertains de la guerre civile.

Qu'a fait le peuple des dépouilles de tous les rois des caveaux de Saint-Denis ? il les a jetées à la voirie. Des ossements de Louis XVI et des restes de Charles X, le peuple s'est-il jamais occupé ? sait-il seulement où ils reposent ? Mais pour les cendres de Napoléon, qu'a fait le peuple ? il a dit à l'un des fils de son roi : — Tu iras sur le rocher de Sainte-Hélène, tu nous ramèneras ces glorieuses dépouilles, et, comme une précieuse relique, nous les vénérerons parmi nous.

Telle est aujourd'hui, plus grande et plus vivace que jamais, la légitimité impériale.

Le peuple n'est pas comme les grands, qui sont ingrats dans l'adversité ; le peuple n'a jamais été que le courtisan du malheur et de l'exil. Aussi au 10 décembre, il ne faut pas croire qu'il ait donné 6,000,000 de suffrages au neveu de l'empereur pour en faire tout simplement un président de république.

En décembre il a posé la base : reste à fonder l'édifice. Mais vienne son heure, et il criera à l'élu du 10 décembre : Aide-toi, le ciel t'aidera.

IX

CONCLUSION.

En France, il ne faut pas se le dissimuler, nous ne savons jamais nous tenir dans un milieu convenable, et nous péchons d'habitude par les excès contraires.

Souvent nous manquons d'énergie et le moment d'après nous faisons explosion.

Nous n'avons en France qu'un seul courage régulier qui soit toujours à la même température, si on peut s'exprimer ainsi : c'est le courage des champs de bataille.

Mais le courage civil, le courage de notre opinion, de nos convictions, de nos sympathies, nous en sommes totalement dépourvus.

Quand le canon tonne à la frontière, tout le monde s'émeut, tout le monde y court ; mais que l'on fasse le coup de fusil dans la rue pour la monarchie ou pour la République, — le marchand d'en bas ferme sa boutique, mais le locataire du premier n'y va seulement pas voir.

Que lui importent *les querelles de sa majesté le roi ou de messieurs les princes.*

Et on laisse faire.

Aussi la France, tant que rien ne fait obstacle à son bien-être, ne fait violence à la douceur de son coin de feu, la France est le pays du monde le plus facile à gouverner : sa patience est devenue proverbiale. C'est ainsi que 18 ans elle a vécu sous la monarchie de juillet, qui lui avait donné au suprême degré le repos, presque le seul bien auquel elle aspire, après ce qui est loyal et honnête.

Il n'y a pas un pays qui crie plus le mot *liberté*, et qu'il soit plus facile de rendre esclave.

Le 24 février n'en est-il pas la preuve ?

Il en est des peuples comme des individus. Ils ont leurs âges de jeunesse, de maturité et de décrépitude. — Tous commencent en général par les agitations de la République pour finir par le repos de la monarchie.

La France a passé ce premier âge des temps chevaleresques ; et, si elle n'a pas atteint sa dernière période, elle est au moins à l'époque de sa maturité. La France raisonne aujourd'hui. Elle fait un peu de la revue rétrospective ; elle récapitule tout ce que lui ont valu ses agitations passées. Elle pense qu'elle a suffisamment fait pour la civilisation du monde et qu'il est temps qu'elle jouisse à la fin du peu de bien-être qu'elle a pu s'amasser.

Voilà ce que la République de 1848 aurait dû comprendre ; et, au lieu d'être à l'agonie, elle serait *peut-être* en voie de s'acclimater. Au lieu d'ouvrir l'écluse à toutes les idées qui bouleversent, il fallait au contraire y opposer la digue qui consolide et affermit. Au lieu de faire du socialisme hors de saison, il fallait s'occuper de positivisme *rationnel* qui est dans les idées de tout le monde. Sans se leurrer par les chimères de l'avenir, la République n'avait qu'à s'occuper de l'organisation du présent. La tâche était encore assez laborieuse.

Mais non, elle a bouleversé, elle a détruit, et par-dessus tout menacé de détruire : les instincts les plus sacrés, ceux de la famille et de la propriété, elle les a remis en question, sans songer que l'homme qui avait sué sang et eau depuis son enfance pour s'amasser le bien-être et le repos de ses vieux jours serait peu flatté de voir son patrimoine ou sa famille décimés par le premier fainéant qui trouverait fort commode de profiter d'un travail qui ne lui avait pas coûté de sueurs ni de peines ; vrai coucou politique et social dont la République de février n'a que trop fait éclore les petits.

De là ce *tolle* universel contre la République ; de là ces agitations puissantes qui fatiguent le pays et qui le fatigueront encore dans un long avenir ; — car les agitations sont l'essence des États démocratiques.

Eh bien ! ce sont ces agitations-là qui font obstacle au bien-être dans lequel se complaît le pays. Aujourd'hui la France en est lasse, et elle veut en sortir à tout prix, coûte que coûte : plutôt que de mourir à petit feu, elle veut en finir ; son suprême effort dût-il l'emporter.

Au 10 décembre elle a posé la question, et elle a hâte de la résoudre. —

De l'apathie elle est passée à la surexcitation ; et ni les exhortations, ni les remontrances qu'on lui fera, ni les dangers qu'on lui pourra faire entrevoir ne pourront l'arrêter, car la dernière goutte d'eau a fait déborder le vase.

Pour la première fois peut-être, elle qui ne compte ses ennemis que quand ils sont par terre, elle a fait le dénombrement de ses adversaires, elle en sait le nombre, elle sait les villes, les quartiers, les sections qui les renferment. Isolés ou coalisés, elle les défie; et, quand la lutte sera une fois engagée, toutes les minorités qu'a révélées l'élection de décembre devront, divisées ou réunies, se courber devant elle, à peine d'être impitoyablement foulées sous ses pieds.

Telle sera la situation du pays aux élections prochaines. La France touchera-t-elle ou dépassera-t-elle son but? — Dieu le sait ; — mais, quoi qu'il en soit, on peut dire comme M. Lamartine : *Alea jacta est*. Le sort en est jeté.

Au point où en sont les choses, et eu égard au courant immense qui emporte l'opinion populaire, il est à présumer qu'au moyen du suffrage univer-

sel, l'assemblée qui se réunira au mois de mai,
étant l'image reflétée du pays, se trouvera vraisemblablement dans des proportions identiques, et que
sans secousse, par la toute-puissance de ce levier
formidable de l'opinion publique que l'on appelle
le suffrage universel, on arrivera enfin à la
fondation permanente et durable d'un ordre de
choses qui s'appuiera définitivement sur la masse
du peuple. Alors quand cet ordre de choses sera
fondé par le peuple lui-même, et qu'il aura
légitimé son élu, chacun devra s'incliner respec-
tueusement devant sa volonté, que son gouvernement soit la légitimité, l'empire ou bien la république, que son élu s'appelle Henri V, comte de
Paris, Louis Napoléon, Raspail ou Ledru-Rollin.
Hors de là il n'y a pas de salut.

Il est hors de doute qu'aux élections prochaines, tous les candidats auront à se prononcer
sur leurs doctrines et leurs tendances d'après les
données que nous venons d'indiquer, et que le

mandat qui leur sera confié se résumera dans ces
trois mots :

APPEL AU PEUPLE !

Dès à présent, il est urgent que tous les bons
citoyens se réunissent, qu'ils se concertent. Aujour-
d'hui, ce n'est pas seulement sur les bons que leur
choix doit tomber, mais sur les résolus, les forts et
les courageux. Un peu moins d'avocats brillants,
au jugement faux qui embrouille, et un peu
plus d'hommes aux idées primitives et droites,
qui éclaircissent ; un peu moins de monopoliseurs
de la ville, et un peu plus de monopolisés de la
campagne. Mais arrière surtout, arrière les peureux qui ne meurent pour la patrie que dans leurs
circulaires ! Les hommes qu'il nous faut aujourd'hui
doivent être enfin à la hauteur de leur mission,
avoir de l'énergie, et se sentir la force et le courage de tenir tête aux factions et aux factieux. —
La carrière est ouverte, qu'ils marchent hardiment

sans regarder en arrière, ils peuvent être sûrs que le peuple et l'armée les suivront.

Hommes de toutes conditions, des ouvriers et du commerce, de l'armée et des campagnes, une grande bataille peut survenir avant peu; cette bataille, c'est la suprême, c'est la dernière, car c'est la lutte de la barbarie contre la civilisation. Courage! et la barbarie sera vaincue; car Dieu ne permettra pas l'anéantissement de la famille et de la propriété, ce rêve audacieux de la barbarie. Courage! encore une fois; en avant! en avant!... et Dieu sauvera la France!

FIN.

TABLE DES MATIÈRES.